Empreendedor minuto™

“Muito se disse sobre como gerenciar a vida e os negócios. Na maioria das vezes, trata-se de uma reflexão sobre dinheiro e recursos materiais. No entanto, a melhor forma de gerência é a influência. *O Empreendedor-minuto* irá lhe ensinar a importância da influência e inspirá-lo a escolher seus mentores com inteligência.”

JIM AMOS, presidente emérito
do conselho da UPS

“Don Hutson e Ken Blanchard captaram a essência da influência de um empreendedor. Muitos empreendedores importantes tiveram impacto na minha vida e foi uma honra e um prazer passar isso adiante. É uma alegria e uma bênção ver os outros se beneficiarem e crescerem com uma idéia ou experiência que você teve ao longo do caminho.”

HOWARD PUTNAM, ex-presidente da
Southwest Airlines

“*O Empreendedor-minuto* é uma leitura agradável que oferece uma experiência ímpar de aprendizado. Don Hutson e Ken Blanchard fizeram um belo trabalho ao ensinar o conceito de empreendedorismo e, ao mesmo tempo, honrar as contribuições de um dos heróis na área de palestras profissionais.”

ZIG ZIGLAR, autor e mestre
em motivação

"Aparentemente, este livro pode ser pequeno, mas é rico em idéias e maneiras para se aproveitar ao máximo a sabedoria das pessoas. É uma leitura rápida, mas as idéias vão ficar com você por toda a vida."

PAUL J. MEYER, fundador do
Success Motivation Institute

"*O Empreendedor-minuto* é leitura obrigatória para qualquer pessoa que deseja aperfeiçoar suas habilidades de liderança. Grandes líderes são afortunados por terem bons seguidores, e isso só é possível quando eles ajudam outras pessoas a crescer. Este livro prático irá ajudá-lo em todos os aspectos de sua vida pessoal e profissional como empreendedor."

RON GLOSSER, presidente aposentado
da Hershey Trust

"*O Empreendedor-minuto* é um livro cheio de lições de sabedoria. Leia-o se você estiver pensando seriamente em reinventar sua vida."

MARK SANBORN, autor de *O que aprendi com meu carteiro sobre o trabalho e a vida* e presidente da Sanborn and Associates

Empreendedor minuto™

Ken Blanchard
Don Hutson
e
Ethan Willis

SEXTANTE

Título original: *The One Minute Entrepreneur*™

Publicado em acordo com a Currency/Doubleday Broadway Publishing Group, uma divisão da Random House, Inc.

tradução
Valéria Lamim Delgado Fernandes

preparo de originais
Virginie Leite

revisão
Luis Américo Costa
Masé Sant'Anna
Sérgio Bellinello Soares

projeto gráfico e diagramação
Valéria Teixeira

design da capa
Douglas W. Clement

adaptação da capa
Miriam Lerner

pré-impressão
ô de casa

impressão e acabamento
Bartira Gráfica e Editora S/A

CIP-BRASIL. CATALOGAÇÃO-NA-FONTE
SINDICATO NACIONAL DOS EDITORES DE LIVROS, RJ

B571e Blanchard, Kenneth H, 1939-
O empreendedor-minuto / Ken Blanchard, Don Hutson e Ethan Willis [tradução de Valéria Delgado].
– Rio de Janeiro: Sextante, 2008.

Tradução de: The one minute entrepreneur
Apêndice
Inclui bibliografia
ISBN 978-85-7542-394-3

1. Empresas novas. 2. Empreendimentos. 3. Sucesso nos negócios. I. Hutson, Don, 1945-. II. Willis, Ethan. III. Título.

CDD 658.11
08-1322 CDU 65.016.1

GMT Editores Ltda.
Rua Voluntários da Pátria, 45 – Gr. 1.404 – Botafogo
22270-000 – Rio de Janeiro – RJ
Tel.: (21) 2286-9944 – Fax: (21) 2286-9244
E-mail: atendimento@esextante.com.br
www.sextante.com.br

Dedicatória

Dedicamos este livro aos milhares de empreendedores que enfrentaram inúmeros obstáculos e perseveraram para criar empresas de sucesso. Essas organizações constituem a espinha dorsal do sistema empresarial livre.

Também dedicamos este livro a dois pioneiros em particular: Charles Jones, o Incrível, e Sheldon Bowles.

Há anos Charles tem sido um mentor para nós dois. Vimos o impacto que ele causou no mundo tanto ao investir seu tempo no contato individual com milhares de pessoas quanto em suas extraordinárias palestras para milhões. Seu amor por livros – que resultou na abertura de sua própria empresa, a Executive Books, cerca de quatro décadas atrás – impressiona leitores de todas as partes do mundo. Sua dedicação, associada ao trabalho de incentivo à leitura, tem ajudado inúmeras pessoas a melhorar de vida e realizar seus sonhos. Sua paixão desenfreada pelos negócios inspira muitos empreendedores na construção de grandes empresas. Em sua caminhada espiritual, ele demonstra uma fé inabalável que nos encoraja. Seu entusiasmo não tem limites, suas amizades são profundas e sua liderança é forte.

Sheldon Bowles teve grande influência no modo de pensar e na vida empresarial de Ken e Margie Blanchard. É um empreendedor extraordinário, um palestrante notável e autor de livros que constam na lista dos mais vendidos do *New York Times* e da *Business Week*. Começou sua carreira como repórter, cobrindo histórias no Ártico canadense, no Japão, nos Estados Unidos e na Europa para diversos meios de comunicação, como *Toronto Globe and Mail*, *Canadian Broadcasting Corporation*, *Time*, *The Times* (Londres) e *Winnipeg Free Press*. Deixou a carreira de repórter para se dedicar aos negócios. Entrou na Royal Canadian Securities, Ltd., onde ascendeu e tornou-se diretor e vice-presidente. Por 15 anos, Sheldon foi presidente da Domo Gasoline Corporation Ltd., a qual ele transformou – junto com o senador Douglas Everett, presidente do conselho de administração da empresa – em uma das maiores revendedoras independentes de gasolina do Canadá, com centenas de funcionários. Em uma época em que o setor investia quase exclusivamente no auto-atendimento, eles fortaleceram seus negócios e reputação prestando um serviço completo. Foi sua experiência de criar um serviço lendário na Domo Gas que levou Sheldon a escrever, com Ken Blanchard, o sucesso de vendas *Fãs incondicionais*.

Depois de deixar a Domo, Sheldon – com três sócios – transformou uma pequena fábrica, a Precision Metalcraft Inc., em um negócio de milhões de dólares. Essa experiência bem-sucedida inspirou seu segundo livro, *Gung Ho! Turn On the People in Any Organization* (Como motivar as pessoas no trabalho), em co-autoria com Ken. Os dois perceberam que não se pode criar clientes que sejam fãs incondicionais sem ter uma equipe motivada, interessada e empolgada.

O sucesso de Sheldon como escritor levou-o a se tornar palestrante motivacional. Seu desejo de ajudar outros empreendedores o levou a ser co-autor de mais dois importantes livros com Ken. Não há nada de que Sheldon goste mais do que ser mentor de líderes empresariais jovens, especialmente de seu filho Kingsley, sua filha Patti e seu filho adotivo Aaron. Patti e o marido Kristjan criaram uma grande empresa comercial de reciclagem, a Phoenix Recycling, e uma empresa canadense especializada em arquivar e destruir documentos confidenciais, enquanto Kingsley administra a holding da família e Aaron recondiciona motores de avião.

Agradecemos a vocês, Charlie e Sheldon, por sua inesgotável influência positiva, que transformou nosso mundo em um lugar melhor e com certeza fará a diferença também na vida dos leitores de *O Empreendedor-minuto*. Que todas as coisas boas que vocês fizeram para os outros voltem para vocês multiplicadas por mil.

KEN BLANCHARD e DON HUTSON

Sumário

Prefácio

Existe algo em relação aos princípios essenciais que todos nós parecemos ignorar. Quando se trata de empreendedorismo, somos consumidos por nossa visão e nos esquecemos do dinheiro. Somos consumidos por nossos clientes e nos esquecemos de nossos funcionários. Somos consumidos pela vida e nos esquecemos da morte. Não é estranho como acabamos deixando de lado as noções básicas? É por isso que gosto deste livro. Trata-se de uma bela história sobre os princípios essenciais do empreendedorismo.

Após anos de estudo sobre empreendedorismo, tenho certeza de uma coisa: tornar-se uma história de sucesso não é fácil. Anualmente, cerca de um milhão de pessoas abrem uma pequena empresa nos Estados Unidos. Infelizmente, pelo menos 40% dessas empresas não dão certo no primeiro ano. Oitenta por cento delas estarão fora do mercado em cinco anos e 96% terão fechado as portas antes de completar 10 anos.

Uma das principais razões do fracasso das pequenas empresas é que elas são abertas por técnicos – profissionais especializados que gostam de exercer o seu ofício. Sejam eletricistas, escritores, fotógrafos ou programadores, eles cometem o erro fatal de continuar a fazer o trabalho no qual são especializados enquanto ignoram outras áreas vitais da empresa.

O Empreendedor-minuto ajudará você a evitar esse erro. Nesta parábola prazerosa e instrutiva, Blanchard e Hutson concentram-se em três pontos essenciais nos quais você deve prestar atenção se quiser ser um empreendedor de sucesso.

A primeira chave são suas finanças. Muitos empreendedores fecham as portas porque não sabem como administrar seu dinheiro. As despesas ultrapassam as vendas, eles não cobram as faturas e não percebem que o sucesso depende de CAIXA, CAIXA, CAIXA.

A segunda chave para o sucesso como empreendedor envolve sua equipe. Delegar poder a seus funcionários para que assumam responsabilidades em sua empresa libera você, o empreendedor, da obrigação de fazer tudo sozinho. Uma vez que as pessoas tenham autonomia para tomar decisões, elas passam a agir como donas da empresa e se interessam em dar uma atenção especial aos clientes.

Isso nos leva ao terceiro elemento vital do sucesso empresarial: cuidar de seus clientes. Você pode ser o técnico mais eficiente do mundo, mas, se não tratar bem seus clientes, nunca vai ter sucesso.

O Empreendedor-minuto mostra que, embora seja muito mais fácil obter sucesso na teoria do que na prática, concentrar-se em alguns princípios essenciais aumentará consideravelmente sua probabilidade de ser bem-sucedido – e ainda o ajudará a se divertir durante o processo.

MICHAEL GERBER

Autor de *Empreender: fazendo a diferença*
e *O mito do empreendedor revisitado:*
como fazer de seu empreendimento
um negócio bem-sucedido

Nota dos autores

Embora *O Empreendedor-minuto* seja uma parábola, várias pessoas que dão conselhos na história são de carne e osso. Por que as citamos? Porque devemos nosso sucesso aos mentores que entraram em nossa vida no momento certo com o conselho certo e fomos inteligentes o suficiente para ouvi-los.

Por que *O Empreendedor-minuto?* Porque descobrimos que os melhores conselhos que já ouvimos foram dados em menos de um minuto. Em outras palavras, as grandes lições de vida não vieram de críticas longas e severas, e sim de observações curtas e significativas. Talvez esta seja a razão por que *O Gerente-minuto* – que se baseia em três simples segredos – tenha figurado por mais de 25 anos nas listas dos livros mais vendidos nos Estados Unidos.

Ethan Willis deu uma importante contribuição para este livro, desenvolvendo uma detalhada avaliação on-line dos 20 principais atributos do empreendedor bem-sucedido. Essas características estão listadas no apêndice. Para fazer sua avaliação, visite o site www.estrengths.com. Esse teste, disponível apenas em inglês, irá ajudá-lo a tirar maior proveito deste livro, levando-o a descobrir seus pontos fortes como empreendedor.

Construindo uma base sólida

Desde criança, Jud McCarley sonhava em ser dono de seu próprio negócio. Mas ele quase perdeu sua chance antes mesmo de entrar na faculdade.

Jud era um bom menino, mas um aluno comum. No entanto, ele estava feliz porque seu último ano no colégio estava sendo maravilhoso em tudo o que considerava importante. Ele era popular, jogava na posição de atacante em um grande time de futebol americano e tinha uma bela namorada que achava que o mundo girava em torno dele. Aquele ano maravilhoso, contudo, estava prestes a ser interrompido.

Naquela que começou como uma típica noite de sábado, Jud deixou a namorada em casa e foi se encontrar com os amigos. Cansados de jogar conversa fora, alguns deles decidiram sair para beber.

Jerry, conhecido como Pé-de-Chumbo por só dirigir em alta velocidade, ofereceu uma carona a Jud. Os dois não eram muito próximos, mas Jud adorava carros e não resistiu à tentação de andar no Mustang de Jerry.

Fazendo jus a seu apelido, Jerry enfiou o pé no acelerador, andando a mais de 120 quilômetros por hora numa estrada cujo limite de velocidade era 70. De repente apareceu um carro da polícia indicando que parasse. Jerry foi para o acostamento, pegou a carteira de motorista e os documentos do automóvel e fez cara de bom moço enquanto o policial se aproximava.

– Saia do carro – disse o policial.

Jerry obedeceu. Jud ficou sentado em silêncio, imaginando se deveria sair ou não. Depois de dar um sermão em Jerry e uma multa por excesso de velocidade, o policial se inclinou e olhou para Jud.

– E você? Sempre apóia o que seus amigos fazem? – perguntou o policial.

– Hum, eu... – Jud balbuciou, mas, antes que completasse a frase, o policial voltou sua atenção para um saco plástico que estava debaixo do banco do motorista.

– O que é isso? – perguntou o policial.

– Não sei – Jud respondeu.

– É melhor eu dar uma olhada – disse o policial, abrindo a porta e pegando o saco plástico. – Para mim, parece maconha. – Ele olhou para Jerry e depois para Jud. – Acho melhor a gente ir para a delegacia e telefonar para seus pais.

Espere um minuto! O policial disse "maconha"? As batidas do coração de Jud ecoavam em seus ouvidos. Como era possível que isso estivesse acontecendo? Ele nunca tinha usado drogas em toda a sua vida. O que seus pais diriam? O que todos pensariam se ele fosse para a cadeia? Que explicação daria para sair dessa?

Durante o longo trajeto até à delegacia, Jud e Jerry ficaram imaginando como aquilo ia acabar. Ao chegarem lá, eles perceberam que não havia escapatória – passariam aquela noite na prisão e teriam que seguir os trâmites legais. Cada um deu o telefonema a que tinha direito e os dois foram colocados em uma cela. Inconformados, começaram a discutir sobre o que poderiam fazer para sair daquela situação.

O rapaz da cela ao lado ouviu o que eles diziam e resolveu se meter na conversa:

– Pessoal, isto aqui não é prisão de televisão, não. Quando você vem para cá, passa a noite aqui, não importa quem seja, o que fez ou o que deixou de fazer! – Ele parecia falar com conhecimento de causa.

Desanimado, Jud afundou em seu beliche.

◆◆◆

No dia seguinte o pai de Jud apareceu bem cedo na delegacia. Depois de ouvir um sermão "daqueles", o rapaz estava se sentindo um criminoso.

– Pai – Jud disse –, você me deu uma boa educação e merece coisa melhor do que estar neste lugar horrível comigo. Juro que não usei drogas. Eu nem sabia que Jerry fumava maconha. Desculpe por isso ter acontecido.

Reginald McCarley, um homem de princípios rígidos, sabia muito bem discernir o que era certo e o que era errado.

– Jud, eu acredito em você. Mas vou lhe dizer algo que espero que você nunca esqueça. Está me ouvindo?

– Sim – Jud disse.

Seu pai olhou nos seus olhos.

– Quando eu tinha mais ou menos a sua idade, meu tio me ensinou que, em determinado momento, passamos a ser a média das cinco pessoas com quem temos uma relação mais próxima. Nunca subestime a importância daqueles com quem você escolheu estar. E lembre-se: quando você tiver oportunidade de conviver com alguém que é excepcionalmente inteligente ou bem-sucedido, fique atento para o que essa pessoa pode lhe ensinar.

Aquele foi um momento crucial para Jud. Embora ele não

tivesse percebido na hora, aquela foi a primeira de muitas lições significativas que ele aprenderia ao longo da vida. O incidente mostrou como ele tinha sorte de ter um pai amoroso e cuidadoso. Também o levou a entender que, se ele se associasse com pessoas bem-sucedidas e motivadas por valores, estaria no caminho certo para se desenvolver e melhorar sua vida.

◆◆◆

Depois do treino de futebol na segunda à tarde, o técnico Knapp chamou Jud para conversar. O rapaz já imaginava sobre o que ele queria falar e aproximou-se do escritório dele com receio.

– Feche a porta e sente-se – pediu o técnico.

Sem dizer uma palavra, Jud afundou-se em uma cadeira.

– Fiquei sabendo que você teve um fim de semana complicado e gostaria de dizer algumas palavras que, espero, você se lembre no futuro. Uma das decisões mais difíceis que eu já tive de tomar foi se aceitava este emprego como técnico ou continuava na empresa em que eu trabalhava havia oito anos. Abri mão do que poderia ter sido uma boa carreira lá, mas percebi que poderia fazer mais diferença como técnico – disse Knapp. – Jud, você é um rapaz popular, um aluno que está sempre dentro da média e um bom jogador de futebol. Mas todos os seus professores estão convencidos de que você poderia se sair melhor. Quando é que você vai fazer alguma coisa da vida, em vez de ficar por aí bebendo cerveja com seus amigos?

Jud sentiu como se tivesse levado um chute no estômago. Engoliu em seco.

O técnico continuou:

– Você quer vencer na vida, certo?

– Quero – respondeu Jud.

– Então este é o momento da virada. Você é um rapaz legal, de boa família, e seu pai dá um duro danado para tocar a empresa dele. Mas no sábado você descobriu que é vulnerável. Agora quero lhe mostrar uma coisa.

O técnico abriu uma gaveta e tirou um livro com uma velha capa de tecido azul.

– Minha mãe me deu este diário quando fui para a faculdade. Ela me disse para reservar um minuto de vez em quando para escrever sobre as coisas importantes que aconteceram e sugeriu que eu colocasse uma estrela ao lado das lições mais significativas que aprendi, para que pudesse compartilhá-las com ela quando fosse para casa. A princípio resisti, mas, por fim, aceitei a idéia, não só para cumprir a promessa como também para guardar citações interessantes, ensinamentos valiosos e reflexões sobre decisões importantes que havia tomado. Tento resumir essas lições ao essencial, para que possam ser lidas em apenas um minuto. É um hábito que mudou minha vida.

O técnico tirou um caderno da gaveta e o entregou a Jud.

– Experimente. Este caderno pode servir para registrar as melhores idéias que você ouvir ao longo da vida.

Jud respeitava o técnico e ficou comovido ao ver que ele reservara um tempo para ter aquela conversa com ele. Saiu do escritório de Knapp com o compromisso de mudar radicalmente sua vida e colocá-la outra vez no caminho do sucesso.

À noite, antes de apagar as luzes, ele pegou seu caderno e escreveu os conselhos que recebera do pai e do técnico nos últimos dias. Pensando no que seu técnico dissera sobre resumir as idéias e limitar-se ao essencial, ele decidiu chamá-las de Lições-minuto.

◆◆◆

No domingo seguinte, Jud foi jantar com a família na casa dos avós. Ninguém comentou com o avô sobre o "incidente" da maconha, mas os pais de Jud pediram à avó que falasse com o rapaz. Já que ela havia sido professora e diretora de recursos humanos, nada a surpreendia e poucas coisas lhe escapavam. Enquanto os outros estavam na sala, a avó chamou Jud para conversar na cozinha.

– Logo você vai para a faculdade, Jud – ela disse –, e será exposto a muitas pessoas e idéias. Você se verá diante de encruzilhadas, situações em que precisará fazer escolhas. Faça o possível para tomar decisões boas e bem pensadas. Muitas vezes as decisões que tomamos quando somos jovens são mais importantes do que as que serão tomadas mais tarde, porque elas têm mais anos à frente.

– Farei o melhor possível – disse Jud.

– Além disso, guie-se por valores como integridade, amor, honestidade e trabalho significativo, pois eles serão a base da sua vida. Escreva seus valores em um papel e lembre-se de ler essa lista todos os dias. Então, quando sua intuição disser que você violou um de seus próprios valores, pare. Anote isso e volte ao caminho certo. – Esperou que o neto captasse seu conselho e continuou: – Jud, seus valores são os fundamentos da sua vida. Nunca perca a oportunidade de fazer o que é certo. Não é necessário ser desonesto para vencer. Lembre-se: o que é certo é mais importante do que quem está certo. Se quiser uma vida de sucesso e equilíbrio, seus valores o farão chegar lá.

Seu cuidado especial e sua perspectiva como avó a transformaram em uma mentora interessante – mais do que o pai ou a mãe – para Jud. Naquela noite, ele pegou seu caderno e acrescentou os conselhos da avó às Lições-minuto que havia aprendido com o pai e o técnico.

Lições-minuto

- Relacione-se com pessoas que você admira e com as quais pode aprender.
- Faça um diário com as palavras de sabedoria que você lê, ouve e aprende, e transforme este aprendizado em Lições-minuto.
- Uma vida boa está fundamentada em valores fortes e sólidos, como integridade, amor, honestidade e trabalho significativo.
- Você nunca precisa ser desonesto para vencer na vida.
- O que é certo é mais importante do que quem está certo.

Adquirindo conhecimento

Nos anos seguintes, Jud estudou muito e quase foi o primeiro da turma no último ano na Universidade de Memphis. Além disso, trabalhava meio expediente como vendedor numa loja de roupas. Muitos de seus amigos já haviam aceitado ofertas em grandes empresas, mas Jud não estava totalmente certo do que fazer em seguida. Gostava de vendas, mas sonhava em ter sua própria empresa. Orgulhava-se de ganhar, como vendedor autônomo, duas ou três vezes mais que os amigos em seus empregos.

Por intermédio de Avery Tonning, professor de vendas e marketing, Jud e outros alunos do curso de administração participavam periodicamente de jantares da Associação dos Executivos de Vendas e Marketing de Memphis, onde tinham a oportunidade de assistir a algumas palestras.

Jud sorriu quando o professor o aconselhou a tomar nota dos conceitos-chave das palestras. Ele já tinha três cadernos repletos de ensinamentos importantes e nunca perdia a oportunidade de acrescentar as melhores idéias dos palestrantes.

Tonning apareceu na vida de Jud no momento certo. Não só foi seu professor como também seu orientador acadêmico. Conhecendo a paixão de Jud por vendas, ele o incentivou a participar de um seminário que Dirk Gardner, presidente do Fórum Nacional de Vendas, estava dando na região.

Quando Jud chegou ao seminário, suas expectativas eram muito baixas. A maioria dos palestrantes da área de vendas que ele ouvira na faculdade era medíocre. Mas, no momento em que Dirk pisou no palco, Jud percebeu que aquela apresentação seria completamente diferente. Em questão de minutos, a platéia estava hipnotizada. O rapaz nunca vira nem ouvira nada igual. Enquanto Dirk esclarecia questões sobre automotivação, sucesso em vendas e as virtudes do sistema empresarial livre, Jud não conseguia esconder seu entusiasmo.

O seminário reunia quatro palestrantes famosos: Kenneth McFarland, Bill Gove, Charles Jones, o Incrível, e Zig Ziglar. Jud nunca tinha ouvido falar deles, mas, se Dirk estava abrindo os trabalhos, os outros teoricamente deveriam ser melhores do que ele. Aquele dia prometia.

O primeiro palestrante de destaque, Charles Jones, transpirava entusiasmo. Adivinhe qual era sua palavra favorita. Incrível. Ele a usava com tanta freqüência que as pessoas começaram a chamá-lo assim e o apelido pegou.

Charles disse à platéia: "Daqui a cinco anos vocês serão os mesmos, exceto pelas pessoas que conhecerem e pelos livros que lerem." E completou com veemência: "Se vocês levam o sucesso a sério, devem montar uma biblioteca com obras importantes para sua formação pessoal e profissional. Sempre que apreciarem o conteúdo, os valores e o estilo de um escritor, leiam tudo o que ele escreveu."

Isso não seria problema para Jud, que gostava muito de ler. Ele fez uma anotação para ver o que poderia encontrar na biblioteca da universidade.

O próximo foi Zig Ziglar. *Onde é que esses caras arrumam esses nomes?*, Jud se perguntou. Com um discurso dinâmico e bem-humorado, Ziglar deu o seu recado: "Você pode ter tudo o que quiser na vida se ajudar outras pessoas a ter o que elas querem."

Jud achou que aquilo fazia todo o sentido. Ele acreditava que um profissional de vendas tinha grandes oportunidades quando trabalhava com um produto em que realmente acreditava.

No intervalo para o jantar, Jud foi até o lobby, onde Charles Jones estava autografando seu último lançamento. O rapaz comprou o livro e ficou esperando pacientemente na fila. Enquanto Charles dava o autógrafo, Jud conversou alguns instantes com ele, sentindo-se totalmente conectado com a sinceridade e a simpatia do escritor. Pegou o cartão dele e perguntou se poderia entrar em contato mais tarde. Para surpresa de Jud, a resposta foi sim.

A terceira apresentação foi de Bill Gove, o primeiro presidente da Associação Nacional de Palestrantes. Ele era especialista em vendas, mas, com sua habilidade para fazer o público rir, poderia ter sido comediante. Falando sobre suas origens humildes, ele disse: "Éramos uma família grande em uma casa pequena. Nunca consegui dormir sozinho até me casar!" A platéia veio abaixo.

Gove também conseguiu prender a atenção do público com seus conselhos: "Todos adoram comprar, mas odeiam que alguém apareça para lhes vender alguma coisa. Lidere com seus ouvidos! Faça perguntas, avalie necessidades, desenvolva relacionamentos. Se você for realmente bom nisso, as pessoas baterão em sua porta para comprar de você."

Que proposta inovadora diante da visão limitada e das táticas agressivas sobre as quais Jud ouvira falar. Gove afirmou que vender era uma profissão maravilhosa e honrosa para aqueles que sabiam agir de forma correta. Na realidade, toda vez que abrimos a boca, estamos vendendo nossas idéias. Então, por que não ficar bom nisso?

Quem fechou o seminário foi Kenneth McFarland, conhecido como "o decano dos palestrantes norte-americanos". McFarland inspirou Jud com sua visão otimista do sistema empresarial nos Estados Unidos. Em um determinado momento, Jud achou que McFarland estava se dirigindo a ele: "Venha aqui e deixe-me dizer uma coisa." O rapaz estava quase se levantando quando percebeu que toda a platéia tinha se inclinado para a frente.

McFarland disse: "Se você conseguir vender e vender bem, ninguém poderá impedi-lo de ter um grande futuro. O sucesso só acontece quando oportunidade e preparação se encontram. Lembre-se disso, e você terá uma vida de grandes realizações."

Jud já estava com o pulso doendo de tanto tomar nota. Não queria deixar escapar nenhuma boa idéia. Sua curiosidade se transformou em um desejo apaixonado de aprimorar seus talentos. De repente ele se deu conta de que, para realizar o sonho de ter a própria empresa, como o pai, precisava adquirir experiência e desenvolver as habilidades necessárias. Também percebeu que sua verdadeira paixão era motivar as pessoas e ajudá-las a vencer na vida.

McFarland encerrou sua apresentação com o público aplaudindo de pé. Jud, por sua vez, impulsionado pela descoberta da sua vocação, saiu à procura do coordenador do seminário, Dirk Gardner. Seu coração parecia bater mais rápido à medida que se aproximava dele. O rapaz resolveu ir direto ao ponto:

– Sr. Gardner, sou Jud McCarley, aluno do professor Tonning. Daqui a seis semanas, vou me formar em vendas na Universidade de Memphis e adoraria ir trabalhar para o senhor. Este seminário foi uma das melhores experiências que já tive e acho que posso ajudá-lo a promover seus eventos.

– Bem, Jud, fico contente que você esteja impressionado com o que fazemos. Vamos tomar o café da manhã juntos amanhã – Dirk respondeu.

◆◆◆

No dia seguinte, Jud chegou 10 minutos antes do horário marcado e pediu uma mesa tranqüila. Em questão de minutos, Dirk Gardner aproximou-se, com um sorriso largo.

– Você está adiantado – ele disse enquanto se sentava. – Começou bem.

Enquanto tomava café e comia omeletes, Jud respondia às perguntas sobre sua formação, suas habilidades e convicções. Dirk não se satisfazia com respostas superficiais, queria conhecê-lo a fundo.

– Como você lida com rejeição e fracasso, Jud? – ele perguntou.

– Estou focado no sucesso, é claro, mas acho que lido bem com a rejeição – Jud disse.

– Todos nós ficamos mais fortes quando passamos por uma provação – disse Dirk. – A maior e única lição que você deve aprender sobre a arte de vender é que ser rejeitado de vez em quando faz parte do caminho do sucesso.

– Como assim? – Jud perguntou.

– Por melhor que você seja, também enfrentará seus fracassos. Os melhores profissionais de vendas são aqueles que ouvem um "não" e seguem em frente, dando o próximo telefonema com a mesma confiança de sempre, sem se deixarem abater pela rejeição anterior. Os campeões de vendas sabem que o sucesso não é determinado por sua eloqüência, e sim por sua capacidade de suportar a rejeição. Você precisa receber muitos "nãos" para ter o direito de ouvir um "sim".

– Nunca pensei na rejeição assim, mas estou ansioso para colocar seu conselho em prática – disse Jud.

– Você está disposto a viajar para cidades onde nunca esteve, onde não conhece ninguém, e começar a vender com entusiasmo? – Dirk perguntou

– Sim, estou – o rapaz respondeu.

Com um frio na barriga, Jud se lembrou do que seu chefe na loja de roupas costumava dizer: "O importante não é o que você sabe, mas quem você conhece." Resolveu, então, perguntar a Dirk o que ele achava desse conceito.

– Esse é um velho clichê – explicou Dirk. – Quem você conhece pode ser importante, mas o fundamental é quem conhece você e o que pensa a seu respeito: se você transmite confiança, profissionalismo e convicção naquilo que está vendendo.

Jud pegou seu caderno e tomou nota. Percebeu que o aprendizado era cumulativo. As coisas que havia aprendido no passado estavam sendo substituídas por informações melhores de uma fonte mais confiável. Ele sorriu ao terminar suas anotações. Dirk Gardner estava, definitivamente, lhe apresentando conceitos muito valiosos.

Dirk fez um sinal para que o garçom trouxesse mais café e retomou a conversa com Jud:

– Fico contente que você esteja animado com nosso negócio especializado em seminários e que tenha aproveitado o evento de ontem, mas precisa ter os pés no chão. Você não pode imaginar como é difícil lotar um auditório. Quando você apresenta o programa para as pessoas – Dirk continuou –, elas avaliam nossa oferta por meio do trabalho que você está fazendo naquele dia, e não pelo trabalho que nossos palestrantes farão mais tarde. Elas não fazem idéia da verdadeira força do evento que está para acontecer. Sua responsabilidade é despertar a curiosidade delas, fazer com que sintam vontade de estar presentes. A única maneira pela qual elas podem se beneficiar com nosso seminário é assistindo ao evento, e esse trabalho de vendas compete a você. Ainda está interessado?

– Sim, senhor – disse Jud.

– Você se motiva com facilidade?

– Pode apostar!

– É capaz de aprender?

– Com certeza!

– Jud, este é o tipo de carreira que você gostaria de seguir?

O rapaz sorriu.

– Se isso for uma oferta, a resposta é sim!

– Se fizer o que eu lhe disser, estou convencido de que você terá sucesso. Estou disposto a ser seu mentor no processo de vendas se você me prometer que se empenhará e seguirá minha orientação.

Lá no fundo, Jud sabia que este seria mais do que um emprego: era seu futuro se revelando. Ele ganharia por comissão. Já tinha experiência nisso. Aproveitaria a oportunidade!

Lições-minuto

- Você será o mesmo ano após ano, exceto pelas pessoas que conhecer e pelos livros que ler.
- Você pode ter tudo o que quiser na vida se ajudar outras pessoas a ter o que elas querem.
- Lidere com seus ouvidos.
- O sucesso ocorre quando oportunidade e preparação se encontram.
- O importante não é quem você conhece, e sim quem conhece *você* e o que pensa a seu respeito.
- Quando você achar que o momento terá um impacto sobre seu destino, aproveite a oportunidade.

Aprendendo a profissão

O novo emprego de Jud na área de promoção de seminários consistia em um processo de vendas em dois estágios. Primeiro, ele visitava uma empresa, conversava com o gerente e tentava marcar uma apresentação de meia hora para a equipe de vendas. Depois, fazia uma pequena demonstração do evento que levaria à cidade e tentava convencer os ouvintes a fazerem suas reservas. Ele ganhava uma comissão sobre o número de inscrições que conseguisse fechar para o seminário.

Dirk Gardner não era bobo. Contratou sua nova equipe de vendas por comissão, assim não tinha o que perder. Ele confiava em seu processo de seleção e se julgava capaz de perceber quem seria bem-sucedido. Além disso, como a renda dos vendedores estava vinculada a resultados, Dirk tinha a garantia de que eles sempre dariam o máximo de si. Em contrapartida, assumia o compromisso de lhes oferecer tudo o que fosse necessário para que se saíssem bem.

Em suas duas primeiras semanas, Jud fez muitas ligações, mas, por alguma razão, elas não estavam se convertendo em vendas. Apesar de seu entusiasmo, a carreira não estava decolando como ele esperava. Jud descobriu um novo tipo de humildade.

Mentor que é mentor não deixa seu pupilo fracassar, por isso Dirk Gardner iniciou um programa intensivo de treinamento individual com Jud.

– A humildade que você mencionou, Jud, não é algo ruim, e sim uma coisa boa. Precisamos dela para admitir que não temos todas as respostas. É a humildade que nos faz desejar ter mais foco, e uma alta capacidade de foco é fundamental para aprender e crescer.

– E como posso ter mais foco? – perguntou Jud.

– Lembre-se de que, para todo "sim" que você receber, é provável que tenha de aturar de 8 a 10 "nãos". Conheça seus números e taxas de conversão. Se você cuidar de seus números, seus números cuidarão de você. Como disse Peter Drucker, um dos meus gurus empresariais favoritos: "Se você consegue medir, consegue gerenciar."

– Obrigado – disse Jud. – Esse é um conselho que posso colocar em prática: conhecer meus números.

Seria uma das melhores lições que Jud aprenderia. Ele se manteve a par de seus números com determinação. Sabia exatamente qual era sua taxa de conversão de clientes potenciais em compradores. Lembrou-se com carinho do conselho do pai sobre a importância de aproveitar as oportunidades para aprender com as pessoas que admiramos. Dirk Gardner era uma delas.

Seguindo os ensinamentos do novo chefe, Jud trabalhou diligentemente para melhorar o conteúdo de sua apresentação de vendas e a maneira de expor suas idéias. Ele estava convencido de que esses dois itens, junto com o número de ligações, determinariam seu sucesso e iriam ajudá-lo, por fim, a começar seu próprio negócio.

◆◆◆

Mesmo depois de quatro meses de intensa dedicação, Jud não havia conseguido ganhar muito dinheiro. A princípio, ele pensara que, para ter sucesso em vendas, a pessoa só precisava ser alegre, simpática e prestativa. Agora estava descobrindo como as coisas funcionavam na vida real. Continuou a trabalhar com entusiasmo e foco e começou a obter algum progresso. Mas, no final do ano, ainda não estava ganhando tanto quanto a maioria de seus colegas de faculdade. O trabalho era árduo e sempre havia alguma preocupação financeira. Ele descobriu que passar de aluno ingênuo a profissional de vendas competente não era tão fácil assim.

Restando um mês para o próximo grande seminário, Jud pegou o cartão de visita de Charles Jones e discou seu número de telefone. Duvidava que o renomado palestrante se lembrasse dele, muito menos que tivesse disponibilidade para almoçar com ele, mas resolveu arriscar.

– É claro que me lembro de você, rapaz! – disse Charles, com seu vozeirão. – Fico contente em saber que você seguiu em frente. Crescer e aparecer já é meio caminho andado.

Uma semana depois eles estavam apertando as mãos em um restaurante. Sabendo como o Incrível era ocupado, Jud valorizava cada minuto que podia compartilhar com ele. Assim, no instante em que se sentaram, o rapaz começou a falar de negócios.

– Ei, calma! – disse Charles. – Teremos tempo para conversar sobre negócios mais tarde. Fale sobre você.

Jud pôs o palestrante a par de sua vida, seus sonhos e expectativas, sua paixão por motivar os outros e seu objetivo a longo prazo de começar seu próprio negócio na área motivacional. Charles foi direto ao ponto:

– Jud, você está numa posição invejável, que lhe permite

ganhar experiência em vendas e em dar palestras ao mesmo tempo. Você aprenderá muito nessa área. O céu é o limite quando o assunto é aonde você pode ir.

As palavras de Charles renovaram as esperanças do rapaz. Até entrar no mundo dos negócios, ele sempre acreditara que o céu era o limite, mas, nos últimos meses, esse sonho vinha desaparecendo. Uma série de rejeições recentes havia abalado sua confiança. A fé, a esperança e o otimismo estavam dando lugar ao medo, ao pessimismo e à falta de confiança em si mesmo.

– Dá para ver preocupação e dúvida em seu rosto – disse o Incrível. Não desanime. Ser um empresário bem-sucedido é uma jornada. E você acabou de começá-la. Lembre-se de que, independentemente do tipo de negócio que você pretende abrir, seja em vendas ou prestação de serviços, seja uma lavanderia, uma loja de alimentos naturais ou uma empresa de tecnologia de informação, seus medos diminuirão à medida que você dominar os princípios básicos do negócio.

Percebendo que Charles estava certo, Jud encheu-se de coragem para fazer a pergunta ousada na qual vinha pensando há semanas:

– Você concordaria em ser meu mentor? Dirk é meu mentor em técnicas de vendas, mas eu adoraria poder contar com sua orientação numa perspectiva empresarial mais ampla. Eu realmente quero crescer, e você é um de meus exemplos de vida.

Charles abriu um largo sorriso.

– Você passou no primeiro teste. Os mentores, em geral, não se apresentam a menos que você lhes peça isso. E, uma vez que já estou a par da situação, acho que devemos formalizar o acordo!

– Obrigado – disse Jud. – Agradeço sua generosidade.

– Isso se chama retribuição – respondeu o palestrante. – Eu não estaria onde estou hoje sem meus mentores. Quero ajudá-lo, Jud, mas tem uma coisa que você deve saber: eu aproveito cada momento da vida. Não ficaremos muito tempo juntos, mas posso lhe passar um monte de informações em um minuto.

– É engraçado você dizer isso – Jud respondeu com um sorriso. – Meu antigo técnico me ensinou a reservar um minuto de vez em quando para pôr no papel o que é importante. Hoje em dia tenho vários cadernos cheios de anotações. São as minhas Lições-minuto, porque a maioria dos ensinamentos que considero fundamentais são curtos e objetivos.

– Isso é incrível – Charles disse em voz alta. – Então, já começamos bem. Agora você tem de me prometer que não cuidarei deste projeto sozinho. Aprendi há muito tempo que, para ser um mentor eficiente, é preciso ter um protegido entusiasmado. Você já sabe o que penso sobre a importância da leitura. São as obras que você lê e as pessoas que conhece que têm mais impacto sobre sua vida. Quero que você assuma o compromisso de se tornar um "devorador de livros". Isso não significa necessariamente que você lerá um grande número de livros, e sim que mergulhará profundamente em suas leituras em busca de conhecimento. Tenho vários mentores literários, e você deveria ter também. Você precisa me prometer que vai ler sempre. Combinado?

– Pode apostar! – disse Jud. Ele adorava livros e não via grandes dificuldades em cumprir a promessa.

– Também quero que você se comprometa a compartilhar com os outros as informações que compartilho com você. Ajudar é tão importante quanto ser ajudado – disse Charles. – Concorda?

– Concordo – respondeu Jud.

– Ótimo! – vibrou o Incrível. – Você vai tirar mais proveito das minhas orientações como seu mentor, assumindo e honrando compromissos como esses.

Depois de conversarem mais alguns minutos sobre os desafios de Jud para aumentar o número de inscrições para o seminário, Charles encerrou a conversa com uma última dica.

– Prepare-se psicologicamente antes de cada reunião com clientes. Seja o melhor que puder todas as vezes. Você está no palco e precisa ter uma atuação digna de nota! Quando você coloca energia e convicção no que diz, a mensagem se torna mais forte. Grandes vendedores dão o melhor de si em cada tentativa!

Jud pensou em todos os problemas que enfrentara nos últimos tempos e nos inúmeros "nãos" que ouvira.

– Como você se prepara psicologicamente? – ele perguntou.

– Ótima pergunta – respondeu. – Quando era vendedor em tempo integral, eu me imaginava fechando a venda e trocando efusivos apertos de mão com clientes visivelmente satisfeitos. Agora que sou palestrante, faço algo parecido. Imagino o público aplaudindo de pé ao final das minhas apresentações. – Charles olhou para Jud antes de continuar: – Muitas pesquisas sobre os atletas olímpicos, por exemplo, apontam que os vencedores costumam ser aqueles que, antes da corrida, se vêem cruzando a linha de chegada em primeiro lugar.

– Grande conceito! – disse Jud. Ele sorriu, percebendo que Charles Jones seria, de fato, um mentor incrível.

Lições-minuto

- A humildade ajuda você a se abrir para o aprendizado e o crescimento em sua área de atuação.
- Cuide de seus números, e seus números cuidarão de você.
- Para criar um negócio de sucesso, você deve, primeiro, dominar os princípios básicos.
- Para que um mentor seja eficiente, você tem de ser um protegido entusiasmado e comprometido.
- Sempre visualize o resultado que você deseja.
- Em vendas – e em qualquer outro ramo – você está sempre no palco, por isso precisa ter uma atuação digna de nota.

Pegando o jeito do empreendedor

Depois de três anos no Fórum Nacional de Vendas, Jud era como um cavalo de corrida dando coices na porta do estábulo. Queria sair para a pista e correr. Ele havia aprendido uma técnica vital: como vender. Estava fazendo um bom trabalho e ganhando a vida de forma digna. Mas era ambicioso: queria mais. Sentia um desejo incontrolável de abrir sua própria empresa.

Jud gostava de Dirk Gardner e reconhecia o que o chefe havia feito por ele, mas sabia que trabalhar indefinidamente para Dirk atrapalharia seu progresso. Contudo, ele tinha medo de fracassar. Sabia que dezenas de milhares de empreendedores antes dele – incluindo Dirk – haviam enfrentado essas mesmas dúvidas e seguido em frente. Mas Jud não tinha certeza se era arrojado o suficiente. Então resolveu telefonar para Charles Jones para pedir conselhos.

– É inevitável que você comece a trabalhar por conta própria – disse Charles. – Você sonha com isso há anos. A grande pergunta é: que tipo de negócio você vai desenvolver? Sheldon Bowles, que além de escritor é um grande empreendedor, diz que, quando o indivíduo deseja começar um negócio, ele tem de agir com paixão. Precisa fazer o que ele chama de teste da alegria, respondendo à seguinte pergunta: o que eu mais gosto de fazer? Se tentar ser um empreendedor só para ganhar dinheiro e não para satisfazer seu desejo, você fracassará. Se não gostar do que está fazendo, você nunca investirá o tempo necessário para ser o melhor – explicou o Incrível. – Jud, o que mais o atrai no seu trabalho atual?

– Adoro motivar os outros – Jud respondeu. – E faço isso por meio de palestras. Tecnicamente, sou vendedor. Mas acho que meu talento para falar tem sido meu melhor recurso de vendas, pois é isso que mais gosto de fazer. Quando estou frente a frente com o cliente para apresentar nosso programa, normalmente consigo fechar a venda. As pessoas dizem que sou um bom comunicador. Tive a oportunidade de fazer algumas apresentações que não eram voltadas para meu trabalho no Fórum Nacional de Vendas. Montei uma palestra intitulada "Então você quer vender alguma coisa?", com uma visão geral de tudo o que aprendi sobre vendas nos últimos anos. Mas o melhor de tudo é que não falo apenas de vendas. Abordo a questão da motivação positiva, incluindo automotivação, e as pessoas ficam empolgadas com isso.

– Como você se sente quando está em pé diante de um grupo?

– Cheio de energia! Preciso ter cuidado, porque perco até a noção do tempo. É por isso que meu sonho é começar meu próprio negócio nessa área, por mais louco que isso possa parecer.

– Não acho que você seja louco, Jud. Todo negócio começa com um sonho. Quanto maior o sonho, maior o potencial. É por isso que me tornei palestrante. Quero ajudar as pessoas, e prefiro fazer isso vendendo o que penso, em vez de promover as idéias dos outros ou algum produto.

Era tudo o que Jud precisava ouvir.

– Judson McCarley e Associados – ele disse com orgulho.

O Incrível riu.

– Deixe-me lhe dar outro conselho agora. Não largue seu trabalho de vendas com Dirk até alcançar algum sucesso com suas palestras individuais. Isso leva a uma segunda lição que aprendi com Sheldon. Você precisa encontrar pessoas dispostas a pagar por sua paixão. Esse é o chamado teste do objetivo. Em algum momento, ganhar dinheiro tem de ser mais importante do que se divertir. É aí que você precisa fazer a pergunta: alguém me pagará para fazer o que gosto? Talvez leve um tempo até você conseguir preparar palestras inspiradoras que despertem o interesse do público. Mas, se ninguém estiver disposto a pagar para ouvi-lo, você terá um hobby, não um negócio. Canto com toda a força dos meus pulmões no chuveiro, mas Gloria e eu estaríamos morando debaixo da ponte se eu tentasse ganhar a vida como cantor.

– O que você sugere que eu faça a seguir? – Jud perguntou.

– Primeiro, associe-se à Toastmasters, uma organização sem fins lucrativos cujo objetivo é ajudar as pessoas a melhorar suas habilidades na área de comunicação. Tenho certeza de que existe uma filial perto de sua casa. Eles se encontram durante o café da manhã e dão a todos a chance de fazer pequenos discursos e receber feedback. É um grupo maravilhoso, e você aprenderá muito. Segundo, veja se consegue tirar uma folga, pois gostaria de levá-lo como meu convidado à convenção da Associação Nacional de Palestrantes. Eles adoram pessoas que querem entrar no ramo. Você poderá fazer contatos com palestrantes maravilhosos de todas as partes do país.

– Combinado! – disse Jud.

Lições-minuto

- Ambição é o combustível que pode provocar mudanças significativas na sua vida.
- Identifique o que você faz com paixão. Procure fazer mais isso.
- Não tenha medo de sonhar alto.
- Não abra mão de seu emprego até ter certo sucesso na área em que deseja atuar.
- Se ninguém estiver disposto a pagar para que você faça aquilo de que gosta, você tem um hobby, não uma carreira.

Encontrando o parceiro ideal

No mês seguinte, Jud pegou um vôo para Orlando para se encontrar com Charles Jones na reunião anual da Associação Nacional de Palestrantes. Quando ele chegou à sala de convenções, o ambiente fervilhava. Jud sentiu o pulso acelerado enquanto reconhecia alguns dos autores e palestrantes famosos a quem admirava fazia anos: Denis Waitley, Brian Tracy, Stephen Covey, Harvey Mackay e Patrick Lencioni.

Correu os olhos pela sala de reuniões e finalmente localizou o Incrível conversando com uma jovem atraente e bem-vestida.

– Jud – disse Charles, com um sorriso largo –, gostaria que você conhecesse Terri Aviotti, diretora de treinamento do grupo Crandall e excelente oradora.

– Olá – disse Terri, estendendo a mão. – Prazer em conhecê-lo, Jud. – Seus intensos olhos azuis pareceram atravessar Jud e seu sorriso fez o coração do rapaz bater mais forte.

– O prazer é meu – ele respondeu, apertando a mão dela.

Jud sentiu uma forte atração por Terri e precisou se lembrar de que estava ali para se dedicar a seu novo negócio na área de palestras. Ele naturalmente não estava à procura de um relacionamento. Seus negócios eram sua grande paixão. Um envolvimento romântico só atrapalharia seus planos. Toda a sua atenção estava voltada para desenvolver suas habilidades e seu negócio, e era assim que ele pretendia deixar as coisas.

Não obstante, de todos os contatos importantes que ele fez na convenção, o único que realmente prendeu sua atenção foi Terri. Não eram só os olhos dela: Terri tinha uma presença maravilhosa. E ele adorou conversar com ela. Ao passar mais tempo ao seu lado durante a convenção, Jud percebeu que ela era uma das pessoas mais inteligentes e mais dinâmicas que já havia conhecido, tão atraente por dentro quanto por fora. No último dia da convenção, eles trocaram cartões de visita.

Duas semanas depois, eles se encontraram em Atlanta, onde fica a sede do grupo Crandall. A empresa de Terri estava sempre à procura de bons palestrantes motivacionais e ela queria conversar com Jud sobre o que ele e o Fórum Nacional de Vendas tinham a oferecer. Durante o almoço de negócios, Jud descobriu que ele e Terri admiravam as mesmas pessoas e tinham muitos valores em comum. Os dois riram ao constatar que aprenderam a importância da honestidade e da integridade com suas avós. O almoço de negócios e a reunião à tarde estenderam-se até o jantar. Ao deixar Terri no final do dia, Jud ficou quebrando a cabeça à procura de algum pretexto para vê-la novamente. Ele se esforçava para não pensar nela, mas não conseguia fazer isso por muito tempo, e se pegava fazendo planos para encontrá-la.

Os dois começaram a se ver com mais freqüência na medida em que a agenda de cada um permitia. Com o passar do tempo, Jud se deu conta de que agora tinha um segundo amor na vida. Mas estava ficando cada vez mais difícil justificar as viagens semanais a Atlanta para manter o relacionamento. Por outro lado, ele detestava desligar o telefone toda vez que os dois conversavam.

Um dia, o Incrível telefonou e colocou Jud contra a parede.

– Quando é que você vai assumir aquela mulher maravilhosa que lhe apresentei? – ele perguntou.

– Adoro Terri – Jud disse –, mas casamento é um passo muito sério. Como vou saber se estou fazendo a escolha certa?

– Vou lhe dar um conselho que ouvi quando tinha 15 anos – disse Charles. – Nunca me esquecerei daquele dia. Eu e meu tio estávamos no lago, pescando. Ele disse que não havia problema algum em se apaixonar pela aparência e pela personalidade, mas eu devia me casar com o caráter. Meu tio também falou que eu devia procurar uma maratonista, não uma velocista. Se não houver caráter, desista. Isso ajuda a esclarecer as coisas?

– Sim – disse Jud. – Terri tem tudo isso, especialmente caráter. Honestidade e integridade são fundamentais em sua vida. Ela valoriza a família e o trabalho como fonte de realização. Paciência e lealdade também são extremamente importantes para ela. Acho que Terri é uma maratonista.

No final, o amor venceu qualquer medo que Jud pudesse ter de que um relacionamento sério interferisse em seus sonhos. No Natal, ele e Terri passaram bons momentos na casa de Charles e Gloria Jones, reunidos em torno do piano, cantando canções natalinas. A caminho de casa, cheio de amor e inspirado pelo espírito de Natal, Jud pediu Terri em casamento. Seis meses depois, os dois já estavam casados e vivendo numa bela casa na cidade de Jud, Memphis.

◆◆◆

Jud sempre imaginou que algum dia superaria todas as barreiras e se tornaria um empreendedor bem-sucedido – e em seus sonhos ele sempre chegava lá sozinho. Terri, por sua vez, planejava desenvolver sua carreira como diretora de treinamento. Mas tudo mudou pouco depois do casamento quando alguns amigos sugeriram que eles participassem de um seminário para casais. O evento aconteceu em um final de semana em que os cônjuges aprenderam novas formas de se comunicar.

Eles tinham que escrever cartas sobre vários temas. Para começar, deveriam discorrer sobre as qualidades que mais apreciavam no outro. O tema que encerrava o seminário era "Por que escolhi passar o resto de minha vida ao seu lado". Depois que cada um escrevesse sua carta, deveria entregá-la ao parceiro. Assim Terri leu a carta de Jud e vice-versa. Então cada um comentou o que tinha lido e o outro confirmou suas impressões sobre o cônjuge. Os dois ficaram impressionados em ver como o exercício os ajudou a ouvir melhor o que o parceiro dizia.

Embora Jud e Terri tenham considerado a estratégia muito útil, o que mais lhes causou impacto foi uma discussão sobre "solteiros casados" – casais que faziam refeições juntos e dormiam juntos, mas levavam vidas separadas. Os palestrantes defenderam que, num relacionamento saudável, os casais devem passar, pelo menos, 30% do tempo em que estão acordados fazendo coisas juntos. Eles argumentavam que, assim, os cônjuges desfrutam dos pontos fortes um do outro e o relacionamento se torna mais rico.

Esse conselho calou fundo em Jud e Terri. Eles decidiram que, em vez de desenvolverem carreiras separadas, um dia teriam um negócio juntos na área de comunicação. Eles seriam uma equipe.

Lições-minuto

- Na trajetória empresarial, poucas pessoas entram em sua vida sem uma razão.
- Tornar-se um empreendedor bem-sucedido e ter um cônjuge não são objetivos incompatíveis.
- Em se tratando de encontrar um parceiro para a vida, caráter e valores superam personalidade e aparência.
- Para construir um bom relacionamento, comprometa-se a dedicar algum tempo a seu parceiro, além das horas das refeições e de dormir.
- Você e seu companheiro são uma equipe. Ajam como tal.

Uma porta se abre

Embora o novo sonho de Jud e Terri fosse criar juntos um conceituado negócio na área de comunicação, a realidade de sua vida profissional estava longe de corresponder a essa visão. As considerações financeiras fizeram com que Jud continuasse no Fórum Nacional de Vendas, enquanto Terri foi trabalhar no departamento de treinamento de uma empresa perto de onde morava. Ficou claro que, para começarem sua própria empresa, eles precisavam de uma oportunidade.

Uma porta se abriu num outono quando Jud e Terri foram convidados para participar de um evento da Organização de Empreendedores (OE), em São Francisco. Um dos organizadores, Red O'Rourke, ouvira Jud falar em um encontro da Associação Nacional de Palestrantes e ficou tão impressionado com o carisma do jovem que o convidou para se apresentar em São Francisco. Por sorte, Jud estava num período tranqüilo no trabalho e pôde tirar uma semana de folga.

Jud teve uma vaga idéia de que esta poderia ser a oportunidade com que vinha sonhando. Ele seria um dos 40 palestrantes que falariam para aproximadamente 600 membros da Organização de Empreendedores e seus maridos ou esposas. Entre os profissionais convidados estavam Wayne Dyer, Jim Collins, Jim Rohn, Tom Peters e outros nomes ilustres. Jud adoraria pegar o autógrafo de cada um, por isso mal podia acreditar que subiria no mesmo palco que seus ídolos.

Quando Jud disse a Red O'Rourke que sua esposa também era palestrante, Red pediu para ver algumas gravações de Terri em ação. Depois de ver o desempenho de Terri como palestrante, Red a convidou para apresentar uma sessão especial sobre equilíbrio entre vida pessoal e profissional.

Ao subir ao palco no primeiro dia do evento, Jud estava pronto. Despejou todos os seus anos de preparação em um discurso motivacional bem elaborado cujo título era "Então você quer vender alguma coisa?". Cerca de 200 dos 1.200 participantes apareceram. Os membros da Organização de Empreendedores e seus companheiros podiam escolher entre três ou quatro sessões em cada período de palestras. Quando terminou sua apresentação, Jud recebeu aplausos calorosos da platéia – todos de pé como ele imaginara. O público gostou do que ouviu e saiu comentando sobre o palestrante novo e dinâmico. Jud ficou impressionado com a resposta positiva.

– Por que você está tão surpreso? – perguntou Terri enquanto o abraçava. – Isso não aconteceu do nada. Pense em todo o treinamento que você teve nos últimos anos, além do apoio de seus amigos da Associação Nacional de Palestrantes. Sem falar nas centenas de apresentações que você fez para pequenos grupos promovendo os seminários do Fórum Nacional de Vendas.

– Acho que você está certa. Investi muitas horas na elaboração de palestras interessantes.

Terri disse com um sorriso:

– O Incrível Charles teria orgulho de você.

No segundo dia, Terri fez sua apresentação sobre "Estratégias para equilibrar vidas complicadas" e também ouviu comentários entusiasmados do público. Jud abraçou a esposa com força e comemorou:

– Bravo!

No terceiro dia, Jud fez uma palestra sobre liderança. Dessa vez, cerca de 800 pessoas lotaram o auditório. No último dia do evento, ele falou sobre estratégias para gerenciamento de mudanças e, basicamente, todos os membros compareceram.

Depois da cerimônia de encerramento, Red O'Rourke cumprimentou Jud:

– Parabéns pelo sucesso. Você foi o palestrante mais popular, e Terri também se saiu muito bem. O que vocês dois pretendem fazer agora?

– Precisamos voltar ao trabalho, temos nossos empregos.

– Você está louco – retrucou Red. – Quando o sujeito é bom, é bom! Eu estava conversando com alguns membros da Organização de Empreendedores e nós acreditamos que vocês estão prontos para abrir uma empresa de comunicação e treinamento.

Jud sorriu.

– Sem dúvida, esse é o nosso sonho. Queremos ter nosso próprio negócio algum dia, mas, neste momento, não vemos como isso seja viável financeiramente. Temos a maior dificuldade para controlar nossos gastos. Como vamos administrar uma empresa?

– Não jogue fora seu sonho – disse Red. – Acho que vocês têm determinação e coragem para andar com as próprias pernas.

◆◆◆

Quando Jud contou a Terri o que Red lhe dissera, os dois ficaram divididos, mas entusiasmados. Queriam encarar o desafio, mas tinham medo.

– Esta pode ser a hora da virada ou o início da nossa desgraça – Jud disse. – E se entrarmos de cabeça e fracassarmos? Provaremos que a turma do contra estava certa.

– Estamos definitivamente em uma encruzilhada – Terri concordou.

De repente, Jud se lembrou da conversa na cozinha da avó, anos atrás, quando ela o aconselhou a pensar com cuidado antes de tomar uma decisão importante. Ele e Terri teriam de fazer uma escolha, e o que quer que decidissem afetaria suas vidas no futuro. Abrir o próprio negócio era um sonho antigo. Mas será que a empresa decolaria? Eles tinham experiência? Mais do que nunca, Jud precisava da ajuda de seu mentor.

Naquela noite, ele telefonou para Charles Jones.

– E aí, Jud? – perguntou o Incrível.

– Terri e eu estamos num evento da Organização de Empreendedores. Nossas apresentações foram muito bem recebidas, a ponto de um grupo de empresários influentes nos encorajar a criar nosso próprio negócio na área de palestras e treinamento.

– Quer dizer que vocês arrasaram? – Charles brincou.

– Dei três palestras e o público foi maior em cada uma delas. Na última apresentação, os participantes da convenção compareceram em peso. Terri falou sobre equilíbrio, sua especialidade, e impressionou o público. Parece que todos ficaram realmente estusiasmados com nosso trabalho.

– Esse grupo de empresários está apostando no sucesso de vocês?

– Sim. Vários presidentes acenaram com a possibilidade de darmos palestras em suas empresas. O que fazemos, Charles?

– Estou muito feliz por vocês, Jud – respondeu o mentor. – Mas, se você quer abrir seu negócio, precisa saber o que é necessário para ser um empreendedor de sucesso. Recomendo que telefone para um amigo meu, Harris Palmer. Ele é um empreendedor tão experiente que só o que já esqueceu é mais do que tudo o que a maioria das pessoas sabe sobre começar um negócio. Ele, sem dúvida, me ajudou.

◆◆◆

Na manhã seguinte, Jud ligou para Harris Palmer e ficou surpreso por ele atendê-lo imediatamente.

– Se você é amigo do Incrível, tem boas credenciais. Como posso ajudá-lo? – perguntou Harris com seu forte sotaque australiano.

– Quero abrir meu próprio negócio, e Charles me disse que ninguém entende tanto disso como você. Tem alguma sugestão para mim?

– Esta vai ser uma conversa rápida – disse Harris –, porque só existem quatro coisas de que você deve se lembrar para ser um empreendedor bem-sucedido.

Jud ficou atento às palavras de Harris.

– Primeiro, suas vendas têm de ser maiores que suas despesas. Muitas pessoas, quando começam um negócio, querem montar um belo escritório, investir em artigos de papelaria e cartões de visita sofisticados, só que não têm nenhum cliente. Essa é a fórmula do desastre – enfatizou o empreendedor. – Segundo, cobre suas faturas. Muitas empresas fecham as portas com pessoas lhes devendo dinheiro. Seja razoável, mas não seja o "banco" de seus clientes.

Jud fazia anotações de forma frenética enquanto Harris falava.

– Terceiro, cuide de seus clientes. São eles que pagam suas contas e emitem os cheques em seu nome. Lembre-se: você trabalha para eles. – Harris fez uma pausa antes de dar o último conselho. – Quarto, cuide de seu pessoal. Fico espantado com o número de empreendedores que maltrata seus colaboradores e depois espera que eles cuidem de seus clientes. Ao construir seu negócio, os funcionários não são os bens mais importantes da empresa: eles *são* a empresa. Quando você fecha as portas no final do dia e os funcionários vão para casa, sua empresa vai com eles.

– Uau! – Jud exclamou. – O Incrível estava certo sobre você. Que conselhos maravilhosos para quem está começando um negócio! Obrigado!

◆◆◆

Logo depois da conversa com Harris, Jud e Terri começaram a elaborar um plano para sua nova empresa, a JTA – Judson, Terri & Associados. Decidiram ter uma empresa simples – sem cartões de visita ou materiais sofisticados, e até mesmo sem um escritório. Depois que entrasse dinheiro suficiente, tudo isso se ajeitaria.

Ambos estavam cheios de energia e assustados. Discutiram os prós e os contras durante horas a fio. Pelo lado positivo, eles estavam realizando um sonho. Pelo lado negativo, estavam colocando em risco a pequena segurança financeira que tinham. Abrir mão de dois salários era um passo que envolvia riscos.

Felizmente, o otimismo ofuscou o medo. Usaram o viva-voz para conversar com Charles. Jud contou os detalhes da conversa com Harris e falou com entusiasmo da decisão que ele e Terri tinham tomado de abrir a nova empresa.

– Harris foi ótimo – disse Jud. – Estávamos indecisos em relação ao que deveríamos fazer, mas finalmente decidimos que estamos prontos para correr o risco!

– Estamos totalmente envolvidos agora e não há como voltar atrás – acrescentou Terri. – O que você acha, Incrível?

Houve uma pausa do outro lado da linha. Então Charles gritou:

– Acelerem. Chegou a hora de decolar!

Lições-minuto

- Muitas pessoas sonham pequeno demais. Lembre-se de que você nunca conseguirá mais do que acredita ser capaz de alcançar. Por isso, sonhe grande.
- Quando a oportunidade bater à sua porta, agarre-a.
- Nunca deixe que suas despesas excedam seu faturamento.
- Não seja um "banco" para seus clientes. É importante cobrar as faturas no momento certo.
- Seus clientes são a fonte de vida da empresa – eles pagam as contas.
- Cuide das pessoas de sua equipe. São elas que fazem as coisas acontecerem. Sem elas, a empresa não existe.

Começando a empresa

Jud temia pedir demissão. Por mais que ele desejasse trilhar seu próprio caminho, Dirk Gardner havia se tornado uma espécie de pai para ele. Sem o incentivo de Dirk, Jud jamais teria descoberto sua paixão.

Quando foi conversar com Dirk, Jud estava um pouco temeroso quanto à reação dele. Mas seu medo desapareceu quando o velho chefe se pôs de pé, correu em volta da mesa e lhe deu um forte abraço.

– Charles me avisou que isso era inevitável, principalmente depois que você escolheu uma parceira como Terri – disse Dirk.

Então Dirk fez algo que Jud nunca poderia imaginar. Voltou para sua mesa, mexeu na gaveta, tirou o talão de cheques e fez um cheque de cinco mil dólares para Jud. – Talvez você e Terri possam fazer bom uso disso quando começarem – ele disse com um sorriso. – Não dá para dizer quanto aprecio tudo o que você fez por mim e pelo Fórum Nacional de Vendas.

Jud ficou sem fala. Lembrou-se de um grande amigo que teve 20 minutos para limpar sua mesa de trabalho depois de pedir demissão. Seus olhos estavam cheios de lágrimas quando falou a Dirk:

– Tenho muita sorte de ter um mentor e amigo tão maravilhoso como você. Como posso lhe agradecer?

– A melhor maneira de me agradecer é ter sucesso e entrar, junto com Terri, para o rol dos melhores palestrantes do país – disse Dirk, dando-lhe um abraço.

– É claro que vamos fazer o máximo possível – disse Jud com um sorriso. – Algum conselho de despedida?

– Nunca peça conselho a uma pessoa viciada em dar conselhos, a menos que você, de fato, queira um – brincou Dirk. – Duas considerações: cuidado com o ego. Se você receber muitos aplausos do público e as pessoas se agarrarem a cada palavra sua, é possível que você comece a acreditar que é indispensável. Uma vez contratamos um palestrante que era ótimo no palco, mas ele tinha um ego tão grande que se tornou impossível trabalhar com ele. Estávamos considerando a possibilidade de ele realizar 12 seminários, mas o dispensamos depois do primeiro. Por isso, seja competente, mas também humilde.

– E seu segundo conselho? – perguntou Jud.

– Você pode já ter feito o mesmo discurso inúmeras vezes. Mas faça-o sempre com a mesma paixão e entusiasmo, como se fosse a primeira vez – disse Dirk. – Aquilo sobre o que você está falando pode ser familiar para você, mas provavelmente não é para o público. Se você influenciar a vida de uma única pessoa, talvez essa seja a razão de você estar lá.

Jud não podia acreditar. Dirk não tinha ficado furioso e ainda estava se mostrando extremamente generoso e disposto a continuar agindo como seu mentor.

◆◆◆

Naquela noite, Jud e Terri assinaram a documentação da JTA. Enquanto a tinta secava, Jud estendeu a mão e segurou a de Terri.

– Desde que entrou em minha vida, você tem me ajudado a realizar meus sonhos. Isto é o que eu sempre quis: minha própria empresa. Adoro saber que conseguimos fazer isso juntos.

Ela apertou a mão de Jud e brindou-o com seu sorriso.

– O crédito é todo seu. Se você não tivesse sonhado, não teríamos realizado esse sonho.

Com isso, a JTA nasceu.

Jud telefonou para Red O'Rourke para lhe dar a boa notícia.

– Estou emocionado por vocês dois – Red disse. – Se precisar de alguma ajuda, é só telefonar.

◆◆◆

A primeira decisão que Jud e Terri tiveram de tomar era o papel que cada um assumiria na direção da empresa. Para eles, o ponto forte de Jud era a parte visionária ou estratégica da liderança. Ele era decidido e conseguia sonhar grande. Os pontos fortes de Terri, por outro lado, estavam nos aspectos operacionais da empresa. Ela era habilidosa na organização e no gerenciamento de pessoas. Por essas razões, Jud tornou-se o presidente da JTA e Terri, diretora executiva.

No começo, Jud e Terri dirigiam a JTA de casa. Era, na verdade, uma empresa bem familiar. Eles guardavam os materiais de escritório nos armários do corredor, estocavam prospectos de suas palestras e os enviavam da garagem. A Kinko's, rede de lojas especializadas em serviços de courier e fax, era o único escritório deles.

A ajuda da Organização de Empreendedores foi muito importante para manter Jud e Terri ocupados. O casal foi convidado a participar de outro grande evento da organização no outono seguinte em Melbourne, na Austrália. Os dois se sentiram honrados e abençoados com o apoio do grupo.

No entanto, isso não era suficiente. Jud e Terri tiveram de dar duro para garantir outros trabalhos. Mas, à medida que suas palestras se tornaram conhecidas e elogiadas, seu negócio ganhou destaque.

Depois de quase seis meses, o fluxo de caixa da JTA era bom o suficiente para permitir que Jud e Terri alugassem uma pequena sala. O escritório só acomodava duas áreas de trabalho. Uma delas ficou com a secretária que contrataram, Linda, por isso os dois tiveram de dividir o apertado espaço que sobrou.

Jud e Terri pensavam com freqüência nos conselhos de Harris Palmer. Faziam tudo o que estava ao seu alcance para garantir que as vendas sempre excedessem as despesas. Linda trabalhava com afinco na cobrança dos pagamentos para garantir que a empresa recebesse pelos serviços prestados.

Embora, de vez em quando, Jud e Terri estivessem agendados para falar nos mesmos eventos, eles geralmente seguiam direções diferentes. Às vezes era como se fossem navios se cruzando no meio da noite. Algumas decisões mudaram isso.

Primeiro, Jud e Terri perceberam que, se a única forma de ganharem dinheiro era dar palestras, sua renda estaria limitada ao número de apresentações que conseguissem fazer. E, com o tempo, ficariam esgotados fisicamente. Então tiveram uma nova visão: queriam ganhar dinheiro enquanto dormiam. Imaginaram os cheques sendo enviados pelo correio enquanto descansavam. Foi assim que decidiram expandir os negócios e telefonaram para o Incrível em busca de idéias.

– Crescer aos poucos é uma ótima idéia – disse Charles. – Quando se trata de ganhar dinheiro, há uma terceira lição que Sheldon Bowles me ensinou. Você precisa ter mais paixão. Ele chamou isso de teste da criatividade. Como você cria novas possibilidades de renda baseadas em sua paixão? Lembre-se de que sua renda é o resultado da receita menos os custos. Infelizmente, quando o assunto é aumentar a renda, a maioria das pessoas concentra toda a atenção em reduzir gastos.

– Não é importante administrar os custos? – perguntou Terri.

– Com certeza – respondeu o mentor. – Mas, embora seja importante administrar custos, isso pode ter um efeito psicológico negativo e sugar sua energia.

– Sem dúvida – disse Jud.

– Em contrapartida – continuou Charles –, você precisa investir energia positiva para criar essas novas possibilidades de receita a partir daquilo que você gosta de fazer e em que é competente.

Jud e Terri perceberam que precisariam de auxílio para crescer. Jud telefonou para Red O'Rourke para lhe contar seus planos e falar sobre suas necessidades. Na mesma hora, Red concordou em organizar um conselho consultivo que pudesse ajudar a JTA a passar por esse novo estágio de desenvolvimento.

Ele selecionou outros três membros da OE para fazer parte do conselho. Cada um deles se destacava numa área e podia oferecer esse conhecimento à empresa: Juan Escobar era apaixonado por assuntos financeiros; Lou Stafford, por atendimento ao cliente; e Nancy Kaline, por desenvolvimento de pessoas. Red seria o responsável por convocar reuniões e fazer as viagens. Eles concordaram em viajar de avião, pagando as despesas do próprio bolso, para se reunir com Red, Jud e Terri no final do mês em um resort próximo de Memphis, onde o casal morava. O objetivo era desenvolver um plano de negócios para a expansão da empresa. Pediram a Jud e Terri que pensassem em suas metas e estratégias antes do encontro.

Dias depois, quando os dois jovens empreendedores

expuseram suas primeiras idéias, os amigos da OE riram deles. Jud e Terri falaram em trabalhar com pessoas de quem gostassem, fazer a diferença no mundo e se divertir, mas tinham esquecido um detalhe importante: os lucros.

– Quem vai pagar por toda essa expansão? – perguntou Juan, dando uma risada. – Obter lucro é uma necessidade se vocês quiserem continuar no negócio.

– Juan está certo – disse Red. – Embora o lucro não deva ser o único foco, sem uma boa administração de caixa, vocês estarão em apuros.

Naquele fim de semana, seus amigos da OE os ajudaram não só a esclarecer seus objetivos para que se tornassem metas empresariais, mas também a fazer um orçamento, analisar as necessidades da equipe e elaborar um plano de negócios mais amplo.

◆◆◆

Jud e Terri começaram a implementar seu novo plano empresarial. Primeiro, formaram parcerias com outros palestrantes que assumiriam o lugar deles quando não pudessem realizar algum evento ou não se encaixassem perfeitamente nele. Por seus esforços, eles receberiam 25% de comissão. Em essência, a JTA se tornou uma pequena agência de palestrantes.

Segundo, Jud e Terri começaram a desenvolver alguns materiais de aprendizado – instrumentos de avaliação, áudios e vídeos – que enriqueceriam seus programas e poderiam ser vendidos para clientes e outros palestrantes.

Novas estratégias exigiam mais pessoas. Aos poucos, Jud e Terri foram ampliando sua equipe, mas sempre com o cuidado de que as despesas não excedessem a receita.

Esses novos negócios e recursos também precisavam de supervisão, o que era difícil quando Jud e Terri não estavam no escritório. Mas tudo mudou quando Terri engravidou.

Os enjôos matinais, inicialmente, limitaram sua agenda de viagens. Depois, com a chegada de Alex, ela preferiu dar um tempo na carreira de palestrante, com exceção de uma ou outra apresentação perto de Memphis. O casal achou que não fazia sentido Terri ficar muito tempo longe de casa. Essa decisão fez ainda mais sentido quando cinco meses depois Terri engravidou novamente e, nove meses depois, nasceu a irmãzinha de Alex, Elizabeth. Agora Terri ficava no escritório administrando a empresa enquanto Jud se encarregava do trabalho pesado.

Lições-minuto

- A menos que queira fazer todo o trabalho, você tem que pensar em formas de criar novas fontes de renda.
- Se você só se concentrar em gerenciar custos, seu negócio nunca crescerá.
- Não tenha medo de pedir ajuda e ouvir conselhos quando seu negócio passar para outro patamar.
- Obter lucro é uma necessidade se você quiser permanecer no negócio.

Dificuldades financeiras inerentes ao crescimento

Ao longo dos cinco anos seguintes, a empresa foi crescendo e passou a ter 15 funcionários e 10 palestrantes associados. Durante esse período, Jud e Terri mudaram de escritório duas vezes. Nem sempre era fácil, e o sonho de juventude de Jud de se tornar rico ainda estava muito longe.

Quando a economia passou por uma leve crise, ficou evidente que os resultados financeiros da JTA estavam bem abaixo da expectativa. Embora Jud e Terri tivessem conseguido aumentar a receita, eles haviam deixado de lado alguns dos princípios básicos aprendidos ao abrir a empresa. As despesas aumentaram mais rápido do que o faturamento. Além disso, a JTA perdeu o controle sobre as contas a receber. Alguns de seus maiores clientes começaram a atrasar o pagamento, e as faturas estavam sendo quitadas muito depois do período-padrão de 30 dias.

Jud sabia que era hora de procurar Juan Escobar, o membro do conselho consultivo da JTA que mais entendia de finanças. Quando se encontrou com Juan, Jud não tentou inventar desculpas:

– Parece que esquecemos os conselhos de Harris Palmer para

nos tornarmos empreendedores de sucesso. Não seguimos dois princípios fundamentais que ele nos ensinou: nossas vendas têm que exceder as despesas e precisamos cobrar nossas faturas.

Juan sorriu.

– Estou tão feliz por você admitir isso, Jud. Tentei adverti-lo antes, mas sou apenas um membro do conselho. Você e Terri tomam as decisões finais e estavam tão envolvidos em suas tentativas de crescimento que preferiram não ouvir. – Juan olhou para o amigo antes de prosseguir: – Se você se lembra, eu disse em nossa primeira reunião, quando vocês estavam começando, que para ter sucesso nos negócios é preciso três coisas muito importantes.

A expressão no rosto de Jud sugeria que, se Juan realmente lhe dissera algo, ele havia esquecido tempos atrás.

– Desta vez é melhor você colocá-las no papel. E em letras maiúsculas – disse Juan.

Jud pegou seu bloco de anotações.

– Pronto – ele disse.

– CAIXA, CAIXA, CAIXA. É isso que é preciso para ter sucesso nos negócios! Um ganho saudável é resultado do esforço da equipe. Embora seja importante aumentar a receita, todos têm de fazer sua parte, administrando os custos e cobrando contas a receber. Jud, não adianta nada você ser inteligente e criar produtos inovadores se seus clientes não lhe pagarem no momento certo. Você deve cobrar suas faturas agora mesmo. Sem boa administração financeira, sua empresa nunca terá sucesso. Você tem de resolver esse problema imediatamente. Neste momento, acho que você tem três meses antes de os bancos e agências de cobrança começarem a ligar.

– Concordo, Juan – disse Jud. – Mas o que devo fazer para sair desta situação?

– Precisamos traçar um plano de curto prazo para conter a crise. E você precisa mostrar os livros contábeis para todos os funcionários da empresa.

A princípio Jud resistiu a essa idéia.

– Sei o que você está pensando – disse Juan. – Se você for como a maioria dos administradores, a última coisa que deseja fazer é compartilhar as informações financeiras da JTA com sua equipe. Mas os gerentes inteligentes percebem que podem obter grandes ganhos divulgando dados considerados confidenciais. Eles acreditam que, quando as pessoas conhecem a realidade da empresa, tornam-se mais aptas a arregaçar as mangas e ajudar a resolver os problemas. Os funcionários se sentem um pouco donos do negócio, pois percebem que seus esforços têm impacto sobre as finanças da empresa.

Jud ainda não parecia estar totalmente convencido.

– Vou lhe dar um exemplo – continuou Juan. – Quando eu tinha um restaurante, sofria para convencer o gerente geral de que era essencial compartilhar os dados financeiros com os colaboradores. Para abrir a cabeça do gerente, cheguei ao restaurante uma noite, já na hora de fechar, e pedi que todos se reunissem comigo na sala de jantar. Dividi todos os funcionários – cozinheiros, lavadores de pratos, garçons, garçonetes, ajudantes – em grupos de cinco ou seis e pedi-lhes que respondessem à seguinte pergunta: “De cada dólar que entra neste restaurante, quantos centavos vocês acham que podem ser considerados lucro – dinheiro que pode ser devolvido aos investidores ou reinvestido no negócio?” A quantia mais baixa que um grupo arriscou foi de 40 centavos. Vários grupos arriscaram 70 centavos. Em um restaurante, a realidade é que, se você conseguir ficar com cinco centavos de cada dólar, já pode considerar um bom resultado. Com 10 centavos, você fica eufórico! Como os funcionários achavam que o restaurante era uma máquina de fazer dinheiro, não se preocupavam muito com o desperdício de alimentos, os custos de mão-de-obra e os utensílios quebrados.

– Aposto que eles mudaram de comportamento – disse Jud.

– Mudaram – Juan respondeu. – Um dos cozinheiros perguntou: "Você quer dizer que, se eu queimar um bife que nos custa seis dólares e que vendemos por 20, com uma margem de lucro de 5%, teremos de vender seis bifes sem obter lucro para compensarmos meu erro?" Ele captou a mensagem.

– Entendo o que você quer dizer – disse Jud. – Mas mostrar os livros não é confortável, principalmente quando os resultados financeiros não são tão bons.

– Acho que você está mais preocupado em parecer bem-sucedido do que em obter ajuda para alcançar o sucesso. Se você mantiver seus funcionários bem informados e deixar que eles usem a cabeça, ficará surpreso ao ver como eles o ajudarão a administrar os custos e sugerirão novas formas para aumentar a receita – disse Juan.

Na semana seguinte, Jud e Terri fizeram o que Juan havia sugerido, convocando uma reunião com toda a equipe. Abriram os livros e mostraram o balanço. Os números eram desanimadores. Vendo a preocupação no rosto das pessoas, Jud fez um breve pronunciamento:

– Terri e eu temos conversado muito sobre a situação da JTA e não pensamos de modo algum em abrir mão de vocês. Pelo contrário, queremos resolver este problema juntos. Nossa intenção é formar várias forças-tarefas para analisar como podemos aumentar nossas vendas e reduzir nossos gastos. Está claro que precisamos cortar de 20% a 30% dos custos ao longo do próximo trimestre para sair desta situação.

Animados com a franqueza de Jud e Terri, a equipe se empenhou em ajudar. Houve um consenso de que seria necessário reduzir os salários. Os honorários de Jud e Terri sofreram um corte de 15%, a remuneração dos principais gerentes caiu 10% e os salários dos funcionários encolheram 5%. Todos também concordaram com diversas outras medidas de contenção de despesas. Por exemplo, se alguém saísse da empresa, eles não colocariam outra pessoa no lugar. E, durante esse período de recuperação, a JTA não contribuiria para o fundo de pensão dos funcionários.

Jud e Terri ficaram comovidos com a lealdade e o envolvimento da equipe durante essa fase difícil. Todos estavam dispostos a apertar o cinto pelo tempo necessário para reverter a situação. Para surpresa de todos, a virada aconteceu em menos de 18 meses.

Jud contou a boa notícia para Charles Jones.

– Incrível! – disse ele. – Agora que as finanças estão sob controle, não se esqueça das duas últimas coisas que Harris Palmer lhe disse sobre empreendedores de sucesso: cuide de seus clientes e de seu pessoal. Ouvi recentemente uma frase que resume bem isso: "Os lucros são os aplausos que você recebe por cuidar de seus clientes e criar um ambiente motivador para seu pessoal."

– Perfeito! – disse Jud.

– Como eu disse, você realizou mudanças incríveis no que diz respeito às finanças. Mas o que pretende fazer para melhorar o relacionamento com seus clientes e seu pessoal?

Jud engoliu em seco. A JTA voltara aos eixos, mas ele sabia muito bem que eles não tinham estrutura para lidar com a demanda da clientela que haviam conquistado. E tinha medo de que acabassem metendo os pés pelas mãos. Embora os funcionários estivessem entusiasmados com sua contribuição para reverter a situação financeira da empresa, estavam cansados de trabalhar longas horas. Além disso, a correria para atender cada vez mais pedidos vinha gerando muitos erros. Houve vários casos de remessa de materiais errados para pessoas erradas. Jud também percebeu que os clientes estavam esperando muito tempo no telefone.

Naquela noite, Jud contou a Terri sobre sua conversa com o Incrível. – Temos de desenvolver algumas estratégias para melhorar o atendimento aos clientes e ajudar nossos colaboradores a implementá-las com eficiência.

No final daquela semana, Terri testemunhou os problemas que estavam enfrentando quando ouviu por acaso uma das funcionárias, Maria, atendendo a uma ligação friamente, quase sem intersse.

– Algum cliente chato? – Terri perguntou com um sorriso.

– Não, era Bill Lakeman.

Terri ficou preocupada, pois Bill era um dos melhores clientes da JTA.

– Você parecia irritada com ele – disse Terri.

Maria arregalou os olhos.

– Desculpe! – ela disse. – Não percebi que estava dando essa impressão. É que estou tão ocupada. Tenho mais de 10 ligações para retornar, uma pilha de pedidos para processar e vários projetos especiais para gerenciar. Às vezes não dá tempo para ser simpática.

Terri sorriu de forma compreensiva.

– Respire fundo, Maria. Não se preocupe com o acúmulo de trabalho. Ninguém vai morrer se você não cuidar de uma tarefa imediatamente. Será que algum de seus colegas não pode ajudá-la?

– Eles também estão atolados de serviço – Maria respondeu. – Para ser honesta, toda a equipe está sob pressão ultimamente.

– Obrigada por me colocar a par disso – disse Terri. – Temos de dar um jeito de aliviar essa pressão para que vocês possam prestar o melhor serviço possível aos nossos clientes.

– É isso que todos nós queremos fazer – garantiu Maria.

Quando Terri contou a Jud o que tinha acontecido, ele suspirou.

– Vamos telefonar para Lou Stafford – disse Jud. – Ele é o especialista do conselho em atendimento ao cliente.

Lições-minuto

- Como empreendedor, o segredo do sucesso é gerar CAIXA, CAIXA, CAIXA.
- Sem boa administração financeira, você nunca terá sucesso como empreendedor.
- Os lucros são os aplausos que você recebe por cuidar de seus clientes e criar um ambiente motivador para seu pessoal.

Criando um serviço lendário

Lou Stafford ficou contente com a ligação dos sócios da JTA.

– Crescer é um grande desafio – ele disse. – Mas cuidar de seus clientes não é uma opção, é uma obrigação. Principalmente agora que a empresa está se expandindo, vocês têm de fazer com que seus clientes saibam que eles são prioridade. Eles precisam se sentir amados e respeitados. Do contrário, em pouco tempo vocês não terão nenhum cliente. E, sem clientes, não existe empresa.

– Mas como podemos dedicar nosso tempo aos clientes quando temos tanto trabalho a fazer? – perguntou Terri.

– É uma questão de foco – respondeu Lou. – Vocês devem incutir nos funcionários a importância de tratar bem os clientes. Para manter os clientes hoje em dia, uma empresa não pode se contentar em satisfazê-los; precisa prestar um serviço lendário e criar "fãs incondicionais", tão empolgados com o atendimento que recebem a ponto de falar bem sobre vocês. Seus clientes devem se tornar parte de sua força de vendas.

– O que você quer dizer com "serviço lendário"? – perguntou Jud.

– Vou lhe dar um exemplo – disse Lou. – Minha mãe, de 90 anos, é do tipo independente e mora sozinha. Um belo dia, ela abre a geladeira e percebe que está pingando água do congelador. Ela pega as Páginas Amarelas e começa a telefonar para empresas de assistência técnica, mas sempre recebe a mesma resposta: o prazo mínimo para ser atendida é de uma semana. Ora, para uma pessoa de 90 anos, isso é muito tempo!

Do outro lado da linha, Jud e Terri riram.

– Desanimada, minha mãe estava prestes a me telefonar quando viu um pequeno anúncio: "Atendemos no mesmo dia." Ela ligou para o número indicado e logo uma voz delicada respondeu: "Ficaríamos felizes em consertar sua geladeira hoje, Sra. Stafford. Para que horas a senhora gostaria de agendar o serviço?" Minha mãe ficou espantada e marcou a visita para as duas da tarde. O técnico não só apareceu na hora, como também conseguiu consertar a geladeira. Ao sair, ele entregou seu cartão para minha mãe, com o número do seu telefone residencial anotado no verso, e disse: "Se a senhora tiver problemas com sua geladeira, pode me telefonar a qualquer hora do dia ou da noite." Minha mãe ficou impressionada e feliz. E sabem o que ela fez nos três dias seguintes? – Lou perguntou. – Telefonou para todo mundo que conhecia para falar sobre o ótimo atendimento que havia recebido. Ela se tornou uma fã incondicional.

– Mas como essa empresa conseguiu prestar esse serviço maravilhoso? – Terri quis saber.

– Eu fiz a mesma pergunta quando minha mãe me contou essa história – respondeu Lou. – Intrigado, resolvi telefonar para o dono da empresa para descobrir como ele conseguia atender as pessoas no dia em que elas telefonavam. O dono saíra de Massachusetts e viera morar em San Diego havia alguns anos. Como sempre trabalhara na área de manutenção e pequenos reparos, ele começou a oferecer seus serviços na vizinhança para quem tinha acabado de se mudar. Se as pessoas precisassem de alguma pintura ou conserto, o Sr. Faz-tudo ficaria feliz em atendê-las por um preço razoável. Tudo o que ele pedia era que, se gostassem de seu trabalho, o recomendassem a seus amigos e parentes.

Jud e Terri ouviam atentamente.

– Bom, o Sr. Faz-tudo sempre aparecia na hora marcada, oferecia um serviço de qualidade e cobrava um preço razoável. As pessoas adoravam seu trabalho. Ele começou a fazer tanto sucesso que muitas vezes não podia atender aos chamados de seus antigos clientes porque já estava ocupado. Diversas pessoas sugeriram que ele abrisse a própria empresa. Mas ele relutou, pois tinha medo de gerenciar funcionários e ter uma grande folha de pagamento.

– Dá para entender suas reservas – disse Jud, dando uma risada. – Como ele resolveu a situação?

– Ele acordou no meio da noite com uma idéia brilhante – Lou respondeu. – Cerca de 25% das pessoas que moram em San Diego são aposentadas. Muitas delas ficam entediadas, e a maioria precisa de dinheiro. Esses aposentados adorariam ter algo para fazer e se sentiriam recompensados se pudessem de alguma forma ajudar os outros. Assim, o Sr. Faz-tudo pôs um anúncio no jornal que dizia: "Aposentado, se você é bom para consertar coisas, quer ajudar as pessoas e ganhar um dinheiro extra, ligue para mim."

– E o que aconteceu depois disso? – perguntou Jud.

– Atualmente o Sr. Faz-tudo tem cerca de 25 a 30 aposentados à sua disposição todo santo dia. Assim, quando uma pessoa telefona, ele pode enviar um técnico até à casa dela no mesmo instante. E ele monitora cuidadosamente o trabalho dos aposentados, para que somente os melhores e mais confiáveis fiquem em sua equipe. Além disso, não precisa se preocupar com uma grande folha de pagamento. Se os aposentados não trabalharem, eles não recebem. E o mais importante é que todos adoram o trabalho.

– Que idéia genial e inovadora – disse Terri.

– Sheldon Bowles, co-autor de *Fãs incondicionais*, afirma que existem três segredos para se criar clientes que sejam fãs incondicionais: decidir, descobrir e cumprir o prometido.

– O que ele quer dizer com "decidir"? – perguntou Terri enquanto rascunhava algumas anotações.

– Se você quiser criar fãs incondicionais, precisa fazer planos para isso – enfatizou Lou. – Decidir que tipo de experiência quer que seus clientes tenham ao interagir com sua empresa.

– Se estamos colocando os clientes em primeiro lugar – questionou Terri –, não deveríamos lhes perguntar que tipo de experiência querem ter?

– Sim e não – disse Lou. – Embora você deseje ouvir a opinião de seus clientes, eles muitas vezes não conhecem outras possibilidades além das que já viveram. Não têm a visão global da situação. É por isso que você e sua equipe têm de decidir, primeiro, o tipo de experiência que desejam proporcionar a seus clientes.

– E como se faz isso? – perguntou Jud.

– Jan Carlzon, quando foi presidente da companhia aérea SAS, teve uma grande idéia. Assim que ingressou na empresa, ele começou a viajar pela Europa para compartilhar sua visão com os funcionários. Ele dizia: "Não vamos vencer a concorrência porque temos bons aviões. Ter um bom produto ou serviço não é uma vantagem competitiva."

– Por que ele dizia isso? – quis saber Jud.

– Porque os concorrentes sempre podem copiar seu produto ou serviço – explicou Lou.

– Mas não é importante ter um bom produto ou serviço? – perguntou Terri.

– Com certeza – respondeu Lou. – Mas essa é sua porta de entrada para fazer negócios, não sua vantagem competitiva.

– O preço mais baixo é uma vantagem competitiva? – perguntou Jud.

– Não – disse Lou. Como diz Carlzon: "Não vamos derrubar nossa concorrência porque temos o preço mais baixo. Não queremos entrar em uma guerra de preços." O que se deve buscar é um preço justo.

– Então, se não é o produto, nem o serviço, nem o preço, o que pode fazer a diferença e ser encarado como uma vantagem competitiva? – perguntou Terri.

– Você vai derrubar a concorrência com o que Carlzon chamou de "a hora da verdade", o momento em que o cliente entra em contato com alguém da sua empresa e forma uma imagem que o faz querer ou não voltar a procurar os seus serviços ou produtos – explicou Lou.

– Você pode dar um exemplo? – pediu Terri.

– Claro – disse Lou. – Vamos usar o exemplo de um serviço de despertador de hotel. Qual é o mais comum hoje em dia?

– O telefone toca, você atende, mas não há ninguém na linha. É uma máquina que telefona para seu quarto – disse Jud.

– Exatamente – disse Lou. – E o segundo serviço de despertador mais comum?

– Já recebi ligações com uma gravação do tipo "Bom dia, este é seu serviço de despertador" – lembrou Terri. – Mas, na verdade, não há ninguém na linha.

– Pensando bem – disse Jud –, se você solicita um serviço de despertador e ouve alguém do outro lado da linha ao atender o telefone, fica até sem saber o que dizer!

– Exato – disse Lou. – É aqui que entra meu exemplo de "hora da verdade". Eu estava hospedado em um hotel da rede Marriott, em Orlando, e pedi que me acordassem às sete horas da manhã. O telefone tocou na hora marcada e, quando atendi, fui saudado por uma funcionária: "Bom dia, Sr. Stafford. Meu nome é Teresa. São sete horas. Hoje, a temperatura será de aproximadamente 24°C e teremos um lindo dia em Orlando, mas, pelo que consta em sua ficha, o senhor está de partida. Para onde está indo?" Fui pego de surpresa – disse Lou. – Então, gaguejei: "Vou para Nova York." E Teresa respondeu: "Deixe-me consultar o mapa meteorológico. Ah, não! Vai fazer pouco mais de 4°C e será um dia chuvoso em Nova York. O senhor não pode ficar mais um dia?" – Lou deu uma risada. – Então, onde vocês acham que gosto de me hospedar quando vou a Orlando? No Marriott!

– Eu entendo – disse Jud. – São esses pequenos momentos que podem criar ou romper o relacionamento com o cliente.

– Isso mesmo – disse Lou. – E, para Carlzon e outros grandes prestadores de serviço, a hora da verdade diz respeito aos mínimos detalhes, até às manchas de café nos assentos. Quando Donald Burr era presidente da People Express Airlines, ele afirmava que, se as bandejas móveis estivessem sujas, os clientes achariam que a manutenção dos motores também não era boa. À procura de um lugar para passar a noite depois de um longo dia na estrada, quem escolheria um hotel com lâmpadas queimadas no letreiro?

– Eu não – disse Terri.

– Estamos falando de clientes externos. Mas é importante reconhecer que todos são clientes e todos têm clientes – Lou continuou. – O cliente externo é alguém que está fora da sua organização e que faz negócios com você. Um garçom é um bom exemplo de quem atende clientes externos. O cliente interno é alguém dentro de sua organização que pode ou não atender clientes externos. Por exemplo, pessoas que trabalham na área de recursos humanos têm, principalmente, clientes internos. E a equipe do departamento de contabilidade tem tanto clientes externos como internos, pois envia contas e faturas para fora e oferece relatórios e informações para outros funcionários da empresa. O que interessa é que todos têm um cliente.

– Por isso, criar um serviço lendário começa com a imagem do tipo de experiência que você deseja proporcionar a seus clientes – Jud disse. – E as empresas que oferecem um ótimo atendimento analisam como seu contato com os clientes, externos ou internos, pode se transformar numa hora da verdade e determinam como gostariam que fosse essa experiência.

– Acho que você entendeu perfeitamente o conceito – disse Lou.

– Você mencionou que o segundo segredo de Sheldon Bowles era "descobrir" – atalhou Terri, olhando rapidamente para suas anotações. – Pode explicar um pouco melhor?

– Depois de decidir o que você quer que aconteça, é importante descobrir o que seus clientes acreditam que pode melhorar a experiência deles com sua organização. Você não sabe? Pergunte a eles! Mas faça isso de um modo que estimule uma resposta sincera. Por exemplo, quantas vezes você estava jantando fora e o gerente do restaurante se aproximou e perguntou: "Como estão as coisas hoje à noite?" O que você costuma responder? O mais provável é que diga "Tudo bem". Bom, isso não dá ao gerente nenhuma informação útil. Uma conversa mais proveitosa teria que começar com outra abordagem: "Com licença, sou o gerente do restaurante. Eu gostaria de lhe fazer uma pergunta. Tem alguma coisa que poderíamos ter feito de forma diferente esta noite para melhorar sua experiência aqui no restaurante?" Essa pergunta pede uma resposta. E, se o cliente disser "não", você pode prosseguir com um sincero: "Tem certeza?"

– Então, o que você está me dizendo – resumiu Jud – é que, se quisermos que a JTA tenha muito sucesso, teremos de nos tornar mestres em descobrir o que nossos clientes estão pensando.

– Vocês não precisam ler mentes, e sim usar sua criatividade para descobrir o que se passa na cabeça dos clientes – Lou respondeu. – Na maioria das vezes, isso exige bons ouvidos.

– Então, para transformar nossos clientes em fãs incondicionais, temos de ouvi-los e depois entrar em ação levando em consideração o que ouvimos – concluiu Terri.

– Sim – afirmou Lou. – Mas há uma condição para que essa estratégia dê certo: quando o cliente disser alguma coisa, você terá de ouvir sem ficar na defensiva. Um dos motivos por que as pessoas se irritam com as sugestões é que elas pensam que sempre têm de fazer o que os clientes querem. Elas não entendem que há dois aspectos relacionados ao processo de ouvir. O primeiro é, como diz Stephen Covey: "Procure primeiro compreender." Em outras palavras, ouça para entender. Experimente dizer: "Isso é interessante. Fale mais. O senhor poderia ser mais específico?"

– E qual é o segundo aspecto? – perguntou Jud.

– É decidir se você quer fazer alguma coisa com relação ao que ouviu – Lou continuou. – Compreender o que ouviu e agir a partir daí são duas coisas diferentes. E é importante perceber que você não precisa decidir o que fazer logo depois de receber uma sugestão. Faça isso mais tarde, depois de refletir sobre o assunto ou conversar com outras pessoas. Perceber que você tem tempo para pensar irá deixá-lo menos na defensiva e torná-lo um ouvinte melhor. Primeiro ouça para compreender e depois decida o que você quer fazer com relação ao que ouviu.

– Outro dia eu estava no shopping e testemunhei um caso típico de escuta defensiva – disse Jud. – Uma mulher estava passeando com o filho de oito ou nove anos. Quando eles passaram em frente a uma loja de artigos esportivos, o menino viu uma bela bicicleta vermelha e comentou: "Puxa, como eu gostaria de uma bicicleta assim!" A mãe quase perdeu a cabeça e começou a gritar: "Não dá para acreditar! Comprei uma bicicleta nova para você no Natal! Estamos em março e você já quer outra! Não vou comprar mais nada para você!" Pensei que ela fosse bater no menino.

– Infelizmente, esse é um exemplo perfeito de alguém que não tentou compreender o que ouviu antes de decidir – disse Lou. – Se ela tivesse perguntado ao menino "Querido, do que você mais gostou nessa bicicleta?", ele poderia ter respondido: "Está vendo aquelas fitinhas penduradas no guidom? São radicais." E as fitinhas poderiam ser um presente barato de aniversário. Então, depois de ouvir o que o filho tinha a dizer, a mãe poderia ter falado: "Por que você acha que não posso lhe dar essa bicicleta?" O menino provavelmente teria dito: "Porque acabei de ganhar uma nova no Natal."

Terri ficou pensando em como aplicar aqueles conceitos na empresa. Lou continuou sua explicação:

– Ouvir sem ficar na defensiva também ajuda quando você comete um erro, pois justificar o que você fez só servirá para irritar o cliente. Quando o cliente está aborrecido, tudo o que ele quer é ser ouvido. Na verdade, as pesquisas mostram que, se você ouvir a reclamação de modo atencioso, sem ficar na defensiva, e depois perguntar: "De que forma posso reconquistar sua confiança?", oito em cada dez vezes o cliente dirá: "Você já reconquistou. Você me ouviu."

– E se o cliente der uma boa sugestão ou estiver chateado com algo que faz sentido mudar? – perguntou Terri.

– Você deve aproveitar a sugestão para criar o serviço lendário que deseja oferecer ao cliente – respondeu Lou. – Por exemplo, recentemente recebi uma carta do dono de três lanchonetes do McDonald's no interior. Ele contava que seus clientes idosos haviam sugerido que, em horários de menor movimento, fossem colocadas toalhas nas mesas e os funcionários anotassem os pedidos e levassem os lanches até lá. Depois de pensar um pouco, o proprietário percebeu que a idéia era muito boa. Agora, entre quatro e cinco e meia da tarde, as mesas têm toalhas, e os funcionários saem do balcão para atender os clientes. Resultado: as lojas ficam cheias de idosos nesse horário.

Os olhos de Jud brilhavam ao ouvir Lou falar.

– Ao unir o que deseja que seus clientes experimentem com o que eles querem que aconteça, você chegará a uma imagem bastante precisa do serviço que deve oferecer – concluiu Lou. – Ao ouvir a clientela, buscar satisfazer as suas necessidades e melhorar sistematicamente o nível do atendimento, você transformará seus clientes em fãs incondicionais.

– Você comentou algo sobre "cumprir o prometido" – disse Terri, olhando mais uma vez para suas anotações. – Dá para explicar melhor isso?

– Claro – disse Lou. – A idéia, na verdade, é cumprir o que foi prometido mais 1%. Uma vez que tenha criado uma imagem clara da experiência inesquecível que quer proporcionar aos seus clientes, você precisa imaginar como instigar sua equipe para que ofereça isso e *mais* um pouco. A responsabilidade de estabelecer um ideal de atendimento cabe aos donos ou aos líderes mais antigos. Esse é o aspecto visionário ou estratégico da liderança. Quando digo "responsabilidade", isso não significa que os donos ou a direção não devam envolver outras pessoas, mas a responsabilidade compete a quem está no topo da hierarquia, não importa se estamos falando de um negócio familiar ou uma multinacional. Uma vez que você tenha definido a experiência de atendimento ao cliente que deseja proporcionar e seus colaboradores estejam comprometidos com ela, começa a implementação, ou o aspecto operacional da liderança.

Jud e Terri se entreolharam.

– É durante a implementação que a maioria das organizações enfrenta dificuldades – Lou continuou. – Toda a energia da empresa se dirige à hierarquia, já que as pessoas tentam agradar ao(s) chefe(s), em vez de concentrarem sua energia em atender às necessidades dos clientes. As regras burocráticas, normas e procedimentos prevalecem. Isso deixa aqueles que têm contato com os clientes despreparados e sem compromisso. Conseqüentemente, eles grasnam como patos.

– Patos? – perguntou Terri.

– Sim – disse Lou. – Wayne Dyer, o grande mestre em crescimento pessoal, disse anos atrás que, na vida, existem dois tipos de pessoas: os patos e as águias. Os patos se comportam como vítimas e fazem "Quá! Quá! Quá!". Muitos de nós agimos como patos. As águias, por outro lado, tomam a iniciativa e voam acima da multidão. Como cliente, é fácil identificar uma empresa que se limita a seguir regras porque, quando você tem um problema, ninguém se prontifica a ajudá-lo. Os funcionários apenas repetem como patos: "É a nossa política. Quá! Quá! Não fui eu que fiz as regras. Quá! Quá! Eu só trabalho aqui. Quá! Quá! O senhor quer conversar com meu supervisor? Quá! Quá! Quá!"

Jud e Terri não conseguiram conter o riso.

– Tive um exemplo perfeito desse fenômeno quando tentei alugar um carro recentemente – prosseguiu Lou. – Sou um dos membros do conselho da universidade onde me formei. Há algum tempo, eu estava indo para uma reunião na universidade, que fica numa cidade pequena, e queria alugar um carro que pudesse deixar ali perto, em Syracuse. As pessoas que viajam bastante sabem que, se você entregar o carro em um lugar diferente daquele em que o alugou, a locadora cobra uma taxa de devolução. Você pode evitar essa taxa alugando um carro que veio do lugar para o qual está indo. Sabendo disso, perguntei à funcionária da locadora: "Você tem um carro de Syracuse?" Ela respondeu: "O senhor está com sorte. Tenho um." Então ela foi até o computador e preparou o contrato. Não sou uma pessoa muito detalhista – riu Lou –, mas, quando passava os olhos pelo contrato, notei que estavam me cobrando uma taxa de devolução de 75 dólares e disse que não estava entendendo aquilo. A mulher parecia um pato grasnando: "Eu não acrescentei isso. Quá! Quá!" Eu perguntei: "Então quem foi?" A resposta não poderia ser outra: "O computador. Quá! Quá!" Eu quis saber por que a funcionária não cortava a taxa, mas ela continuava com a mesma ladainha: "Não posso. Meu chefe vai me matar. Quá! Quá!" Lou fez uma pausa antes de continuar a história.

– Bom, eu me virei para a moça e perguntei com toda a calma do mundo: "Você quer dizer que tenho de pagar uma taxa de 75 dólares porque você tem um chefe problemático?" Aí, ela respondeu que uma vez o chefe a deixara abrir mão da taxa de devolução porque o cliente trabalhava para a universidade local. Eu disse: "Incrível! Faço parte do conselho de curadores de lá!" Enfim, perdi 25 minutos para me livrar da taxa de devolução. Antes eu ficava irritado com pessoas assim, mas não fico mais, porque percebo que a culpa não é delas.

Lou aproveitou e fez uma pergunta provocadora a Jud:

– Você acha que o chefe dessa moça é um pato ou uma águia?

– É claro que é um pato – Jud respondeu.

– Acertou – disse Lou. – Se trabalhasse para uma águia, ela teria carta branca para solucionar o problema e manter seu cliente feliz. Nesse caso, o supervisor é um pato que grita as normas de um superior na estrutura hierárquica. E para quem você acha que o pato-supervisor trabalha?

– Para outro pato? – perguntou Jud.

– Exato – disse Lou. – E quem está sentado no topo da organização? Um grande e perfeito pato. Você já foi atingido por cocô de águia? É claro que não, porque as águias voam acima da multidão. São os patos que fazem toda a sujeira.

– É possível criar uma organização onde os patos fiquem presos e as águias possam voar? – perguntou Jud.

– A respeito disso acho que você deveria conversar com a Nancy Kaline. Ela lhe dirá que a melhor maneira de criar águias é tratar seus colaboradores como parceiros, para que eles se sintam com autonomia para agir como se fossem os donos da empresa. Nancy entende mais sobre fazer boas parcerias com a equipe do que qualquer pessoa que já conheci.

– Faremos isso, Lou – disse Jud. – Obrigado por toda a sua ajuda.

Depois da conversa que tiveram com o conselheiro, Jud e Terri compartilharam com seus funcionários tudo o que haviam aprendido sobre a hora da verdade. Eles pediram às pessoas de cada departamento para analisar todos os pontos delicados que tinham com seus clientes e decidir como queriam que fossem resolvidos. Mais tarde, eles se reuniram para discutir questões relacionadas à excelência do serviço e inspirar uns aos outros com os resultados do trabalho.

Lições-minuto

- Aproveite a hora da verdade com seus clientes para criar o tipo de experiência que você deseja que eles tenham.

- Ouça seus clientes. As sugestões deles podem tornar a visão e o serviço de sua empresa ainda melhores.

- Não crie uma empresa de patos. Deixe seus funcionários voarem como águias, para prestarem um serviço superior ao cliente.

Ajudando as pessoas a voar como águias

Nancy Kaline assumira a presidência da empresa da família no lugar de seu pai, que havia começado do zero e construído um negócio muito bem-sucedido. No entanto, o clássico estilo de liderança do pai – "É do meu jeito ou rua!" – não vinha dando bons resultados nos últimos anos em que ele ficou à frente da empresa.

– Várias coisas mudaram – Nancy disse a Jud e Terri quando eles se reuniram. – Em primeiro lugar, o dia-a-dia de uma empresa hoje é muito mais complicado do que quando meu pai começou. A globalização, a concorrência acirrada e as mudanças tecnológicas rápidas e constantes estavam exercendo uma forte pressão sobre ele. À medida que a empresa crescia, a estratégia de concentrar todas as decisões numa única pessoa deixou de funcionar. Além disso, os profissionais mais bem preparados desejam criar uma parceria com seus líderes.

– Parceria? – perguntou Jud.

– Sim – respondeu Nancy. – Atualmente, os funcionários comprometidos com o trabalho acreditam que os donos da empresa e a gerência precisam deles tanto quanto eles da empresa.

Se os colaboradores se sentirem subestimados ou deixados de lado, irão para outro lugar. Como acontece com os clientes hoje, é preciso conquistar a lealdade de seus funcionários.

– E como se faz isso? – quis saber Terri.

– Deixando que eles tragam seu cérebro, e não só seu corpo, para trabalhar – disse Nancy. – Como diria Lou, deixando que voem como águias, em vez de grasnar como patos. Mas, para isso, é preciso que os donos e chefes sejam líderes servidores.

– Líderes servidores? – perguntou Jud. – Como assim?

– Para entender o que significa liderança servidora, vocês precisam reconhecer que a liderança tem dois aspectos: visão e implementação. O aspecto visionário estabelece a direção, os valores e as principais iniciativas empresariais. Esse é o lado "líder" da liderança servidora. É o que eu chamo de liderança estratégica. Era nisso que meu pai era bom.

– Parece que ele foi um homem de visão global – disse Terri.

– E foi – confirmou Nancy com um sorriso. – Desde o começo, papai se cercou de pessoas experientes que se desdobravam para lhe agradar e fazer as coisas acontecerem. Eram os típicos funcionários do passado: leais e dispostos a cumprir as ordens que recebiam. Dedicavam-se à empresa em troca da lealdade do chefe. Sem eles, meu pai teria enfrentado dificuldades, porque não se concentrava muito na implementação. Estabelecia a direção e esperava que acontecesse o que ele queria.

– O que você quer dizer? – perguntou Jud.

– Ele dizia às pessoas qual era a tarefa que deviam realizar e desaparecia. Saía à procura de novas oportunidades de negócio – disse Nancy. – Esperava que todos entendessem exatamente o que tinham de fazer e só voltava a circular se algo desse errado. Quando isso acontecia, ele se tornava um gerente gaivota, pairando ameaçador, fazendo barulho, pegando pesado com todo mundo e depois partindo novamente. Mas, como meu pai era leal à equipe, eles acabavam se recuperando e retomando o trabalho. Quando assumi, a maioria dos funcionários antigos estava se aposentando ou deixando a empresa. Agora, a situação é completamente diferente. As pessoas entendem que o bom desempenho começa com metas claras, mas o que mais lhes interessa é como essas metas serão alcançadas. É aí que entra em cena a liderança operacional, o lado "servidor" da liderança servidora.

– Conte-nos mais – disse Terri.

– Hoje, as pessoas querem gerentes que trabalhem junto com elas para cumprir metas e que pensem nelas como parceiras. Querem líderes servidores. Mas, na maioria das empresas, sejam elas de grande ou pequeno porte, a liderança ainda é vista em termos hierárquicos. Quem está no comando é o dono, o presidente ou o diretor executivo e a equipe só se preocupa em agradar ao chefe. Era isso que estava acontecendo com meu pai. Só que esse tipo de liderança "de cima para baixo" não traz à tona o que há de melhor nas pessoas.

– Em outras palavras – disse Jud –, a liderança "lado a lado", e não "de cima para baixo", tem mais chance de gerar bom desempenho e satisfação.

– Isso mesmo – disse Nancy. – Com essa parceria, o foco está em ajudar as pessoas a produzir bons resultados. E, quando isso acontece, elas se sentem bem com relação a si mesmas e a empresa sai ganhando.

Agora Nancy realmente tinha a atenção de Jud e de Terri.

– Como podemos ter certeza de que estamos enfatizando tanto o desempenho quanto a satisfação? – perguntou Jud.

– Incentivando todo mundo a se tornar líder. Os empreendedores que mantêm sua equipe motivada agem exatamente assim. Eles percebem que não podem fazer tudo sozinhos. Dependem das pessoas que contratam para levarem adiante seu sonho, serem responsáveis por ele e fazerem as coisas acontecerem. Quando um colaborador comete um erro, esses empreendedores encaram a situação como uma oportunidade de aprendizado, e não como um momento para críticas ou ameaças.

– Vejo muitos empreendedores que são consumidos pelo próprio ego – disse Jud. – Eles começam a pensar que o negócio gira em torno deles e se esquecem da importância de seu pessoal. Espero nunca cair nessa armadilha.

– É fácil cair nessa armadilha – disse Nancy. – Se sua organização gira ao seu redor, você não deixa seus funcionários se comprometerem com seu sonho. Eles entram e saem de sua empresa, dependendo das ofertas que recebem de outros lugares. Quando você pensa em seus colaboradores como parceiros, eles começam a agir como se fossem donos da empresa e assumem a responsabilidade pelo que fazem. E é exatamente isso que você deseja.

– Como, exatamente, você transforma seus funcionários em parceiros? – perguntou Jud.

– Você tem de implantar um forte sistema de gerenciamento de desempenho – respondeu Nancy.

– O termo "sistema" muitas vezes tem uma conotação negativa – disse Jud com um sorriso.

– Você está certo – disse Nancy. – A maioria dos empreendedores não acha que precisa de um sistema para gerenciar sua equipe. Contudo, como diz Peter Drucker: "Nada de bom acontece por acaso." Tenho certeza de que vocês têm parentes, amigos e conhecidos que sempre se lembram de seu aniversário.

Os dois concordaram.

– São pessoas muito atenciosas – continuou Nancy. – Como você acha que elas conseguem isso? Elas são organizadas. Têm algum sistema para lembrá-las de que seu aniversário está chegando. É desse tipo de pensamento sistemático que você precisa para gerenciar as pessoas no trabalho.

– E em que consiste um bom sistema de gerenciamento de desempenho? – perguntou Jud.

– Um sistema eficaz de gerenciamento de pessoal tem três partes – respondeu Nancy. – A primeira é o *programa de desempenho*, em que você estabelece com seus funcionários os objetivos e metas nos quais eles devem focar sua energia. Um bom desempenho começa com metas claras.

– Então, se não souberem para onde vão, as pessoas têm pouca chance de chegar lá – disse Terri com um sorriso.

– Sem dúvida – disse Nancy. – Muitos funcionários são punidos por não fazer o que não sabiam que deviam fazer em primeiro lugar.

– E a definição de metas ajuda a evitar isso – disse Jud.

– É claro – afirmou Nancy. – Principalmente se as pessoas sabem não só o que se espera delas, mas também o que é considerado um bom trabalho – ou seja, os padrões de desempenho exigidos.

– A parceria começa com o programa de desempenho? – perguntou Terri.

– Sim – disse Nancy. – Mas você tem de se lembrar que, nessa etapa, é natural que o dono da empresa ou o gerente defina as metas, porque eles representam os interesses da organização. Portanto, se houver alguma divergência entre chefe e subordinado em relação aos objetivos a serem cumpridos, com certeza prevalecerá a opinião do superior hierárquico. Isso não significa que você não deve envolver seu pessoal na definição de metas, principalmente os profissionais experientes, e sim que a responsabilidade pela definição de metas compete ao gerente. Esse é o lado "líder" da liderança servidora.

– E qual é a segunda parte de um bom sistema de gerenciamento de desempenho? – perguntou Jud.

– *Treinamento e acompanhamento diário* – disse Nancy. – É aí que você inverte a pirâmide e vira a hierarquia de cabeça para baixo, passando a trabalhar para seus colaboradores.

– Por que você faz isso? – questionou Jud.

– Porque, como gerente, seu papel é estimular e apoiar o desempenho de seu pessoal – disse Nancy. – Compete ao gerente fazer tudo o que puder para ajudar os integrantes da equipe a terem sucesso. É aí que a relação de parceria e o lado "servidor" da liderança servidora entram em ação. Você deve fazer o que está ao seu alcance para estimular seus colaboradores a voarem como águias.

– Qual é a terceira parte de um sistema eficaz de gerenciamento? – perguntou Jud.

– *Avaliação de desempenho* – disse Nancy. – É aí que os gerentes se sentam com seus subordinados e examinam o desempenho de cada um ao longo do tempo.

– Antes eu tinha pavor das sessões de avaliação – disse Jud –, mesmo sabendo que Dirk estava do meu lado.

– A maioria das pessoas tem medo dessas sessões – disse Nancy – porque elas nunca sabem ao certo como serão avaliadas. Torcem para ter um bom relacionamento com o chefe e, conseqüentemente, receber uma boa avaliação.

– Sem dúvida, era assim que funcionava comigo – disse Jud. – Sei que Dirk preenchia um formulário a meu respeito.

– Ah, sim, o formulário – ironizou Nancy. – Quando vou à maioria das empresas e organizações, as pessoas dizem para mim: "A senhora vai gostar de nosso novo formulário de avaliação de desempenho." Eu sempre dou risada porque acho que a maioria deles pode ser jogada no lixo.

– Por quê? – perguntou Terri.

– Porque esses formulários muitas vezes avaliam coisas que ninguém sabe avaliar. Por exemplo, "iniciativa", "disposição para aceitar responsabilidade" ou "capacidade de ser promovido". Essa é boa! Quando o funcionário não sabe como se sair bem numa avaliação – continuou Nancy –, ele tenta agradar quem está no topo da hierarquia. Afinal, como disse Jud, se você tiver um bom relacionamento com seu chefe, terá mais chance de obter uma boa avaliação.

– Isso, na verdade, me faz lembrar que eu nunca soube que critérios Dirk usava para me avaliar, a não ser meus números de vendas, que eram bem específicos – disse Jud.

– O que nos faz voltar aos padrões de desempenho, Jud. Você se lembra que eu disse que um bom desempenho começa com metas claras? Estabelecer padrões de desempenho é fundamental. Afinal, se você não pode medir alguma coisa, não pode gerenciá-la. Muitas vezes as pessoas são avaliadas em quesitos em que não sabem definir o que é bom ou ruim. E outras vezes nem imaginam que seu chefe está interessado em um ponto específico.

– Deixe-me voltar à questão das metas – disse Terri. – A maioria das organizações faz ou não um bom trabalho na definição dos objetivos?

– Faz, sim – respondeu Nancy. – Mas, infelizmente, depois de estabelecer as metas, o que você acha que acontece na maioria dos casos?

Jud começou a rir.

– Aposto que elas são arquivadas.

– Acertou – disse Nancy. – E ninguém olha para elas até chegar a hora da avaliação de desempenho.

– Então as metas não são usadas de forma efetiva durante o ano? – perguntou Terri.

– Não – respondeu Nancy.

– Por quê? – perguntou Jud.

– Deixe-me responder com uma pergunta – disse Nancy. – Em qual das três etapas do sistema de gerenciamento de desempenho vocês acreditam que se investe menos tempo?

– Sei que não é na avaliação de desempenho – riu Jud –, porque esse me parece ser o único aspecto de que estamos falando que todo gerente adora.

– Aposto que é o treinamento e acompanhamento diário – disse Terri.

– Bingo! – gritou Nancy. – Os gerentes investem muito pouco tempo nessa importante etapa do gerenciamento de desempenho. Aqui o feedback tem um papel fundamental, pois o chefe pode elogiar os progressos e corrigir os comportamentos inadequados. É assim que seu gerente realmente se torna seu parceiro, ao lhe dar um retorno sobre suas metas e os resultados que você está obtendo. Se você quiser que as pessoas tenham êxito e cumpram as metas estipuladas, então precisa observar e monitorar o comportamento delas. Desse modo, você terá oportunidade de indicar o rumo certo se elas estiverem na direção errada ou poderá elogiá-las e motivá-las se estiverem fazendo o que tem de ser feito.

– Isso parece muito interessante – disse Jud.

– Fico feliz que você pense assim – disse Nancy –, pois esse é o segredo do bom gerenciamento de desempenho. Para ilustrar, gostaria de contar uma história sobre um professor que tive na faculdade. Ele comprava mil brigas com a reitoria e vivia sendo investigado pelo conselho de professores. O que enlouquecia todo mundo é que, no primeiro dia de aula, ele dava aos alunos a prova final. Quando a universidade descobriu isso, foi a maior confusão. "O que você está fazendo?", cobravam os professores. E ele dizia: "Pensei que tínhamos a obrigação de ensinar os alunos." Os professores rebatiam: "Você tem essa obrigação, mas não dê a prova final antes da hora." O mais sensacional era a resposta que ele dava: "Não só vou dar a prova final aos alunos antes da hora, como também vou ensinar todas as respostas durante o semestre, para que, no fim do curso, eles tenham o melhor resultado possível. Afinal, o que importa na vida é tirar a nota máxima."

– Que bela filosofia! – comentou Jud.

– É – disse Nancy. – Esse professor causou um impacto considerável em minha perspectiva da liderança. Vocês dois saem por aí contratando pessoas medíocres?

– Espero que não! – disse Terri. – Eu gostaria de pensar que estamos à procura de pessoas bem-sucedidas ou que tenham boa probabilidade de obter sucesso se receberem treinamento adequado.

– Então vocês precisam ter cuidado para não cair numa armadilha muito comum – disse Nancy. – Quase sempre os gerentes pensam que seu trabalho consiste em julgar, avaliar e criticar seu pessoal. O trabalho deles, na verdade, tem a ver com ajudar, estimular e apoiar os esforços das pessoas.

– Entendi perfeitamente – disse Jud.

– Dar às pessoas a prova final antes da hora equivale ao programa de desempenho – continuou Nancy. – Agora, elas sabem exatamente o que se espera delas. Ensinar as respostas é o treinamento diário. Se você vir alguém fazendo algo certo, diz: "É isso aí!" E, se detectar um erro, você só precisa falar:

"Resposta errada. Qual você acha que seria a certa?" Em outras palavras, você redireciona a pessoa. E, no final do período determinado, dar aos colaboradores a mesma "prova" que você lhes deu no início do "semestre" torna a avaliação de desempenho mais efetiva.

– Então você está dizendo que não deveria haver surpresas em uma avaliação anual ou semestral de desempenho – disse Jud.

– Isso mesmo. Todos deveriam saber sobre o que será o teste e que vão obter ajuda ao longo do ano para conseguir uma pontuação alta. Quando você tem um sistema de avaliação forçado em que uma determinada porcentagem de seu pessoal precisa se sair mal, você perde a confiança de todos.

– Gosto de sua filosofia, Nancy – disse Jud. – Mas existe alguma organização que esteja, de fato, aplicando esses conceitos?

– Sim – disse Nancy –, principalmente quando a direção está nas mãos de pessoas esclarecidas. Garry Ridge, presidente da WD-40, implementou o programa Ajude-me a Tirar a Nota Máxima como o principal tema de sua empresa. Ele leva isso tão a sério que demitiu o gerente de um funcionário ineficiente, e não o próprio funcionário, porque esse gerente não havia feito nada para ajudar seu subordinado a conseguir uma boa nota. Ele quer que todos saibam que gerência significa uma relação de parceria que capacita os colaboradores a obter um desempenho excepcional.

– O que acontece se você trabalha lado a lado com um funcionário e, mesmo assim, ele não merece uma nota excelente? – perguntou Terri.

– Não lhe dê a nota – disse Nancy. – Mas reconheça que ele provavelmente está no emprego errado. Passe para o planejamento de carreira.

– Então, se quisermos que nossos funcionários voem como

águias e cuidem de nossos clientes, temos de criar um ambiente onde eles possam ter êxito, onde saibam que estamos do lado deles e se sintam autorizados a agir como se fossem donos da empresa – resumiu Terri.

– É isso – disse Nancy. – A liderança que dá ênfase ao julgamento, à crítica e à avaliação dos funcionários é uma relíquia do passado. A liderança eficaz tem a ver com tratar as pessoas da maneira correta, oferecendo a direção e o incentivo de que elas precisam para ser o melhor que podem ser. Se você tem um bom sistema de gerenciamento de desempenho e ajuda seus funcionários a obter notas excelentes, está incentivando sua equipe a deixar seus clientes de boca aberta. Pois, quando as pessoas se sentem bem com relação a si mesmas, querem retribuir esse favor.

– Então vale a pena ser um empreendedor camarada – brincou Jud.

– Com certeza – disse Nancy. – Se você trata seus funcionários da forma correta, eles ficam apaixonados pelo trabalho e por sua empresa. O entusiasmo dos colaboradores inunda seus clientes, que recebem um ótimo atendimento e se tornam leais à sua empresa. E clientes leais falam de sua empresa e elogiam seus funcionários. Resultado: sua boa reputação começa a se espalhar como um incêndio numa campina em um dia de vento! Isso é um novo estímulo para a equipe. No final do dia, pessoas entusiasmadas e clientes leais trazem sucesso à sua organização. A visão e a direção dão o pontapé inicial, mas as metas só são alcançadas e as estratégias implementadas quando a relação de parceria entra em ação.

– Não sabemos como agradecer a você – disse Jud. – Agora temos idéias geniais para cuidar melhor de nosso pessoal.

Lições-minuto

- Os profissionais hoje querem uma relação de parceria e não se submeter a uma hierarquia e acatar ordens que vêm de cima.
- Todos devem ser incentivados a ser líderes.
- Um sistema eficaz de gerenciamento de desempenho ajuda as pessoas a ter êxito, em vez de avaliá-las e repreendê-las.
- A melhor gerência inclui treinamento e acompanhamento diário, que incentiva quem está fazendo as coisas certas e redireciona os esforços de quem está errando.
- No trabalho, como na vida, todos desejam obter notas excelentes.
- Funcionários entusiasmados e clientes leais propiciam um sucesso extraordinário à sua organização.

Problemas de ego

Com o passar do tempo, a empresa cresceu ainda mais. Terri continuou na direção por vários anos. Mas, à medida que as crianças se envolviam com a escola e as atividades extracurriculares, ficou claro que estava sendo um grande desafio para Terri cuidar de Alex e Elizabeth e supervisionar as operações da JTA.

Depois de muitas conversas, o casal chegou à conclusão de que as crianças precisavam mais de Terri naquele momento do que a empresa. Por isso, ela decidiu renunciar ao cargo e, dentro de um mês, a JTA tinha um novo diretor executivo, Forrest Oakes, que já trabalhara para eles como consultor de marketing de seus produtos e serviços. O tino de Forrest para os negócios deixara Jud e Terri impressionados.

Linda, a primeira funcionária da JTA, que se tornara gerente administrativa, e vários dos palestrantes associados tinham reservas quanto a Forrest. Eles o consideravam um bom executivo, mas achavam que não compartilhava os valores sobre os quais Jud e Terri haviam edificado a empresa: comportamento ético e bons relacionamentos. Em vez de se concentrar em fazer as coisas da forma certa e estabeler uma relação de respeito e confiança com seus funcionários, clientes e fornecedores, Forrest buscava em primeiro lugar o sucesso – o que ocupava o terceiro lugar na lista de prioridades da JTA. Ele era um cara voltado para o lucro. Como nem Jud nem Terri tinham vocação para administrar as finanças, resolveram contratar alguém que pudesse dar ênfase a isso. Conseqüentemente, não deram ouvidos às preocupações de sua equipe.

A despeito da despesa adicional com um novo diretor, a receita trazida pelos novos negócios e o aumento nos honorários de Jud a cobriam de sobra. O foco de Forrest era claro – crescimento, crescimento, crescimento –, e a sorte lhe deu um empurrãozinho.

Jud foi discursar para milhares de donos de empresa em uma conferência em Dallas e havia uma importante jornalista do *Wall Street Journal* na platéia. Depois de ouvir a palestra "Então você quer vender alguma coisa?", a jornalista resolveu entrevistá-lo. Queria saber como Jud havia se tornado palestrante profissional e o sabatinou sobre suas filosofias empresariais.

Quando o artigo foi publicado, a JTA foi bombardeada com centenas de ligações. Estava claro que os comentários de Jud tinham despertado interesse. A alta visibilidade na imprensa converteu-se diretamente em maior volume de negócios. Forrest vibrou quando as solicitações de treinamento e materiais da empresa dobraram e depois quadruplicaram. Quando os pedidos ultrapassaram a capacidade da JTA de atendê-los, em vez de entrar em pânico, Forrest seguiu em frente ainda com mais disposição.

Jud se esqueceu do primeiro conselho de Dirk para sua carreira: ser humilde. Ficou fascinado com sua própria notoriedade e se deixou levar pelos elogios de Forrest. Para Jud, não havia nada que ele não pudesse fazer.

Conseqüentemente, ele começou a passar a maior parte do tempo na estrada. Não conseguia recusar um convite, pois acreditava que todo pedido para que desse palestras ou realizasse um seminário de treinamento vinha de alguém que precisava dele pessoalmente. Forrest reforçava a crença de Jud em sua própria importância e até exigia que os clientes mandassem uma limusine para buscá-lo.

Embora Jud fosse o principal palestrante de sua organização, Forrest também era criativo para promover os outros palestrantes da empresa, bem como os materiais de aprendizado que a JTA desenvolvia. A JTA estava a caminho de se tornar uma empresa muito maior do que Jud jamais sonhara.

Quando não estava na estrada, Jud ficava longas horas no escritório trabalhando com Forrest para levantar mais negócios. Era só uma questão de tempo para que seu ambicioso diretor executivo apresentasse seu grande plano empresarial.

– Jud, você e a JTA tornaram-se líderes reconhecidos no ramo de treinamento e desenvolvimento. Há vários investidores interessados na nossa associação com outras empresas do setor e na abertura do nosso capital. Para continuar a crescer, precisamos de mais dinheiro. Se nos prepararmos para abrir o capital agora, o céu será o limite. Você e Terri precisarão de um carrinho de mão para carregar essa fortuna.

Aquela imagem – somada à descarga de adrenalina que Jud sentia quando se imaginava em pé na bolsa de valores em Wall Street no dia em que sua oferta pública fosse anunciada – deixava Jud ainda mais animado.

Durante os primeiros anos de vida de Alex e Elizabeth, Jud fora um exemplo de pai para eles, sempre presente e disposto a brincar com os filhos. Jud e Terri pareciam os pais perfeitos. O fato de equilibrarem sua vida familiar com o trabalho era uma inspiração para os outros. Mas tudo isso mudou com o artigo do *Wall Street Journal* e a convivência com Forrest, que fazia de tudo para alimentar o ego de Jud. Agora a vida para Jud era só trabalho, trabalho, trabalho.

Embora Jud ainda amasse Terri e as crianças, ele os via cada vez menos. Com Alex e Elizabeth na escola, não levou muito tempo para que Jud perdesse contato com a vida diária deles. Uma reunião de pais e mestres perdida aqui, um jogo de futebol ali, às vezes até uma festa de aniversário sem a presença do pai. Jud várias vezes fazia promessas de que tiraria férias com a família, mas sempre desmarcava na última hora.

Em uma tentativa vã de passar mais tempo com Terri, Jud fez um pacto de reservar uma noite por semana para sair com ela. O pacto logo se tornou uma piada. As promessas quebradas e as saídas canceladas levaram Terri a deixar de acreditar no marido.

Jud mal tinha tempo para dormir e muitas vezes só conseguia tirar uma soneca no avião. Numa semana especialmente atribulada, com a agenda lotada de palestras, ele falou duas vezes no Havaí entre compromissos em São Francisco, Denver e Boston. A viagem gerou uma grande receita, mas o deixou exausto.

Ao chegar em casa, Jud dormiu 20 horas seguidas. Quando ele finalmente se levantou na manhã seguinte, Terri preparou uma xícara de café e pediu que ele diminuísse o ritmo.

– Esta é a nossa chance, querida – ele disse. – Podemos ter tudo o que sempre desejamos. Temos de aproveitar a oportunidade.

– Jud, estou preocupada – Terri disse. – Você não pode continuar nesse ritmo. E, sinceramente, estou cansada de ser mãe e pai ao mesmo tempo. As crianças praticamente não vêem você.

– Eu sei, querida, mas, agora que nossos esforços finalmente estão sendo recompensados, não posso correr o risco de deixar as oportunidades escaparem. Por favor, tenha paciência. Nossa hora vai chegar.

Terri estava preocupada não só com Jud, mas também com a JTA. Agora que as crianças estavam maiores, ela não via a hora de voltar a se envolver mais com a empresa. Mas o lugar tinha mudado. O primeiro sinal de que havia algo errado foi o pedido de demissão de Linda. Perturbada, Terri chamou-a para tentar entender por que ela estava indo embora. Ao tentar explicar o motivo, Linda começou a chorar:

– Vou escrever uma carta para você. Estou muito emocionada para falar agora.

Quando a carta chegou, Terri se sentou para lê-la devagar:

Querida Terri,

Desculpe-me por não conversar com você no outro dia, mas eu estava emocionalmente arrasada. Eu fiz parte do sonho de vocês desde o começo e estou muito triste em ver que esse sonho está morrendo.

Forrest é um louco. Ele só pensa em vendas, vendas, vendas e crescimento, crescimento, crescimento, e não se importa como vai conseguir isso.

Ele arrancou o coração da equipe. Não dá a mínima para ninguém – apenas para os números. E o mais triste é que conseguiu fazer com que Jud aja do mesmo jeito. A empresa simplesmente não tem mais os mesmos valores de quando começamos. Sei que a mudança é inevitável, mas acho que a JTA está caminhando para o desastre com Forrest no comando.

Imagino que seja difícil ouvir isso, Terri. Mas amo e respeito você, e minha tristeza vai além de minha capacidade de me expressar.

Grande abraço para Alex e Elizabeth. Espero que você consiga salvar Jud da má influência de Forrest.

Com amor, Linda

Quando Terri confrontou Jud com a carta de Linda, ele descartou-a despreocupadamente.

– A empresa ficou grande demais para Linda – Jud alegou.

Terri não podia acreditar no que estava ouvindo. Parecia que estava vivendo com um estranho. Jud ficara obcecado por resultados a curto prazo. Infelizmente, ele ainda não havia aprendido que qualquer ponto forte, quando levado ao extremo, poderia se tornar uma desvantagem. Terri tentou fazer com que o marido entrasse em contato com Charles, Red ou qualquer membro do conselho, mas ele continuava a evitá-los. Era inacreditável, mas Jud nem mesmo respondia às ligações do Incrível.

Quanto melhores os resultados da empresa, mais Jud trabalhava. Ele considerava todo problema como um desafio pessoal.

Certa noite, ele chegou em casa depois das 21 horas. Terri estava sentada sozinha na cozinha.

Ele a beijou na nuca e disse:

– Olá, querida, e aí?

Ela ficou imóvel por um instante e depois se virou na cadeira para olhar para ele.

– Jud, acabei de chegar do recital de dança da Elizabeth. Sozinha. E antes disso acompanhei Alex à cerimônia de condecoração dos Escoteiros. Sozinha. Você sabia que Alex torceu o tornozelo ontem e não poderá jogar futebol neste fim de semana? E, a propósito, você perdeu nosso jantar de aniversário de casamento na noite passada. Eu me diverti muito, sozinha!

– Espere um minuto, querida...

– Espere você – ela disse com a voz trêmula. – Estou cansada de esperar. Este não é o tipo de vida que pedi. Você precisa fazer algumas escolhas sérias logo ou, algum dia, vai chegar e encontrar a casa vazia. – Com isso, Terri se levantou, foi para o quarto e calmamente fechou a porta.

Jud ficou sentado ali, atordoado. *Isso não pode estar acontecendo*, pensou.

A advertência de Dirk para que não se deixasse levar pelo ego veio à sua mente. Pela primeira vez, Jud percebeu que poderia vencer a batalha – ajudar a empresa a abrir o capital – e perder a guerra – sua família. Era difícil admitir, mas ele percebeu que sua vida estava totalmente desestabilizada. Ele estava fracassando como marido e como pai. De repente, Jud se deu conta do óbvio: o sucesso não significa apenas ter uma carreira bem-sucedida, e sim uma vida maravilhosa.

Quando Jud se deitou na cama naquela noite, ele deu um abraço em Terri e sussurrou em seu ouvido:

– Entendi perfeitamente o que você disse, meu amor. Vou ligar para o Incrível de manhã. Eu confundi minhas prioridades.

◆◆◆

– Com certeza – concordou o Incrível depois que Jud lhe contou toda a história. – Qualquer homem que passa de 10 a 12 horas por dia no escritório, sem falar nas muitas horas viajando e negligenciando todos os seus outros compromissos, está no caminho errado. Você precisa ter mais equilíbrio em sua vida.

Charles fez uma pausa para enfatizar:

– Jud, você está correndo como um puro-sangue, mas agindo como uma mula. Se você não admitir que se deixou levar pela ambição, vai encontrar sua casa vazia qualquer dia desses.

Passe mais tempo com sua esposa e seus filhos e preste atenção à sua saúde. Concentre-se nas coisas pelas quais você tem de ser grato. Tente reequilibrar sua vida.

– Como? – perguntou Jud.

– Ruth Peale, esposa de Norman Vincent Peale, escreveu há alguns anos um livro maravilhoso ensinando os segredos para cultivar o amor – respondeu Charles. – Ela afirma que um casal pode ter tudo na vida se souber suas prioridades. Primeiro vem Deus, depois o cônjuge, os filhos e, por fim, o trabalho. A razão por que Ruth colocou o cônjuge antes dos filhos é que acredita que a melhor maneira de demonstrar amor pelos filhos é amando a mãe, ou o pai, deles. Terri me contou que, depois que as crianças foram batizadas, vocês passaram a ter uma vida religiosa mais ativa, participando de grupos de apoio da igreja e até dando aulas para crianças. O que aconteceu com tudo isso?

– Tenho vergonha de dizer, mas abandonei tudo – Jud respondeu. – Fiquei ocupado demais para Deus.

– Seu pai o perdoou quando você foi preso, não perdoou?

– Claro – disse Jud, lembrando-se de sua noite na cadeia.

– Seu pai celestial age da mesma forma – disse o Incrível com um sorriso. – Ele só gostaria de ser sua primeira resposta, e não seu último recurso. Eu acredito que realmente ajuda reservar um tempo todos os dias para compartilhar com Deus tudo o que estou vivendo, pedir apoio para enfrentar as dificulades e agradecer pelas coisas boas. Não deixe seu ego ficar no caminho que leva a Deus.

– Estou entendendo perfeitamente – disse Jud. – Você acha que tenho como salvar meu relacionamento com Terri?

– Sim – respondeu Charles. – Vá para casa, diga a Terri que você foi um idiota e peça perdão. Depois vocês ligam para mim.

◆◆◆

– Sei que vocês têm enfrentado problemas ultimamente – disse o Incrível enquanto Terri e Jud o ouviam pelo viva-voz – e que os dois são muito sensíveis. Não tenho nenhuma solução milagrosa, mas acho que vocês deviam pensar em algumas coisas importantes. Vocês amam seus filhos?

– Claro que sim, Charlie – responderam.

– Então vocês têm um forte motivo para resolver as coisas. Lembrem-se de que o amor não é uma emoção, é uma decisão. Jud, você quer que seu casamento entre nos eixos?

– Lógico – respondeu Jud.

– E você, Terri? – perguntou o Incrível.

– Fiquei muito dividida nos últimos tempos – confessou Terri. – Mas, sim, quero – disse, virando-se para Jud. – Querido, eu ainda vejo você como meu marido e amigo.

– Tudo bem, os dois concordaram – disse Charles. – O aconselhamento conjugal só funciona quando as duas partes querem que o casamento dê certo. Por isso, procurem um bom conselheiro e assumam o compromisso de se esforçar até tudo ficar bem novamente.

Dessa vez, a seriedade de Charles Jones ofuscou sua jovialidade.

Jud e Terri ficaram sentados em total silêncio por alguns instantes. Aos poucos, eles se deram as mãos enquanto pensavam nas palavras de Charles. Eles estavam dispostos a se empenhar para salvar o casamento.

Jud admitiu para Terri que a situação também estava fora de controle na vida profissional. Ele tinha de fazer alguma coisa com relação a isso e à obsessão de Forrest pela idéia de abrir o capital da JTA. Ele decidiu telefonar para Red O'Rourke e pedir ajuda.

Lições-minuto

- O sucesso a longo prazo significa mais do que bater as metas no fim do mês.
- Os relacionamentos no trabalho e em casa podem ficar ruins quando não são cultivados.
- Um ponto forte, quando levado ao extremo, pode se tornar uma desvantagem.
- Mantenha suas prioridades em ordem.
- Esforce-se para equilibrar sua vida profissional com as outras áreas de sua vida.
- Procure sempre a sabedoria de seus mentores.

Mudando as coisas para melhor

Jud conseguiu falar com Red em sua primeira tentativa. Depois de ficar a par da situação, Red orientou Jud a fazer uma auditoria externa na contabilidade da JTA antes que eles se reunissem.

– Precisamos saber como você está de caixa – disse Red. – Sei que Juan Escobar gostaria que isso fosse feito. Nós dois estamos preocupados com algumas coisas que Forrest tem feito.

Depois que Jud falou com Forrest sobre a auditoria, a situação ficou tensa. As finanças nunca foram o ponto forte nem a área de interesse de Jud, por isso ele havia passado essa responsabilidade para o diretor executivo. Trazer um grupo de fora para examinar a contabilidade colocava em dúvida o que Forrest vinha fazendo, e ele não gostou nem um pouco disso. Quando a auditoria foi concluída e Red sugeriu que o relatório fosse apresentado em uma reunião aberta com a presença de Jud, Forrest, Terri, Juan e ele, o relacionamento entre Jud e Forrest azedou de vez.

O encontro para rever os números começou com um clima tenso. Os resultados financeiros mostraram que Forrest havia sido negligente em sua iniciativa de abrir o capital. A empresa estava com níveis inadmissíveis de dívida, e a receita se tornara menor do que a despesa.

Depois de analisar os números, Juan virou-se para Forrest, que tentou desviar o olhar. Juan esperou até que Forrest olhasse para ele e disse:

– Se esta fosse uma empresa de capital aberto e eu fizesse parte da diretoria, pediria sua demissão.

Com isso, Forrest perdeu o controle. Começou a fazer críticas e a gritar com Jud e Terri, dizendo que eles eram mesquinhos e tinham uma visão limitada, e saiu de forma intempestiva da sala.

Assim que Forrest se foi, Terri segurou a mão de Jud.

– Acho que o que você viu e ouviu aqui nos deixa com uma única opção, Jud – disse Terri. – Forrest tem de ir embora. Precisamos retomar os princípios básicos.

Foi exatamente o que eles fizeram. Red ajudou-os a calcular uma indenização justa pela demissão de Forrest, e o conselho desenvolveu uma estratégia para colocar a empresa de volta nos eixos.

No dia seguinte, Jud e Terri convocaram uma reunião com toda a equipe para anunciar a saída de Forrest. Os dois ficaram surpresos com a reação positiva dos funcionários ao saber que o diretor executivo tinha ido embora. Era óbvio que Linda estava certa com relação a Forrest. Ele vinha não só administrando mal as finanças como também destruindo a equipe. A notícia de que Forrest deixara a JTA foi recebida com aplausos calorosos.

Ao perceber como todos estavam comprometidos em mudar a situação da empresa, Jud e Terri fizeram um anúncio especial.

– Como os veteranos da equipe sabem, enfrentamos problemas de fluxo de caixa quando a empresa estava começando. Naquela época, a ajuda da equipe foi fundamental para colocar a empresa nos eixos. Assim como fizemos lá atrás, vamos criar forças-tarefas para ver como podemos aumentar as vendas e reduzir os custos. Mas, desta vez, quando endireitarmos o barco e nossa situação financeira voltar a ficar boa, vamos todos para o Havaí comemorar o sucesso.

◆◆◆

– É claro que vocês não poderiam fazer isso se estivessem em uma empresa de capital aberto – brincou o Incrível quando Jud e Terri lhe contaram sobre seu plano. – Imagine explicar a seus acionistas uma comemoração no Havaí. Uma vez que a empresa abra o capital, é difícil ter esse tipo de liberdade. Você não pode mais fazer aquilo que acredita ser o melhor para seus funcionários, principalmente se isso custa um punhado de dinheiro.

– Agora percebemos isso – disse Jud.

– Abrir o capital é um passo inteligente para algumas empresas quando elas precisam de recursos adicionais para expandir os negócios. Mas talvez não seja interessante para uma empresa de serviços como a JTA. Vocês querem um bom conselho ou um conselho excepcional? – perguntou Charles.

– Queremos o conselho excepcional – respondeu Terri com um sorriso.

– Na verdade, vou lhes dar os dois. Meu bom conselho é: nunca peça conselho a ninguém. Quando você pede conselhos, está pedindo que alguém lhe diga o que fazer. Agora aqui está meu conselho excepcional: peça opiniões às pessoas. Desse modo, estará reunindo informações para poder tomar uma decisão bem fundamentada.

– Certo, queremos sua opinião, Incrível – disse Jud.

– Então eu recomendaria que você tirasse da cabeça essa idéia de abrir o capital, Jud. E, Terri, que você voltasse a se envolver com a empresa e a fizesse crescer aos poucos, ao longo do tempo. A JTA pode lhes dar tudo o que vocês sempre quiseram de um negócio, inclusive uma vida equilibrada. O rabino Harold Kushner, autor de *Quando coisas ruins acontecem às pessoas boas*, uma vez me disse que nunca ouviu alguém no leito de morte dizer: "Eu gostaria de ter passado mais tempo no escritório." Todos com quem ele falou queriam ter se dedicado mais às pessoas que amavam.

– É um ótimo ponto – disse Jud. – Alguma outra sugestão?

– Sim – disse Charles. – Tente substituir a gestão de crise pela paciência estratégica. Você está no caminho certo agora. Apenas continue a fazer as coisas certas, um dia de cada vez.

Jud e Terri agradeceram ao Incrível por seu conselho excepcional. Ambos concordaram em desistir da idéia de abrir o capital da empresa e assumiram o compromisso de fazê-la crescer gradualmente. Perceberam que não bastava ficarem no comando das finanças. Eles precisavam cuidar de seus clientes e restaurar a fé e a confiança de seus funcionários também. Os dois desenvolveram uma agenda para manter contato com Red e Juan sobre os aspectos financeiros, e com Lou e Nancy sobre as questões envolvendo clientes e funcionários.

Jud e Terri tiveram uma idéia genial para melhorar o desempenho da empresa: convidaram Jeremy Britton – padrinho de casamento deles e velho amigo de Jud – para ser gerente geral da JTA. Terri admirava Jeremy e confiava nele, pois o considerava cauteloso e confiável, além de curioso e capaz de se adaptar. Jeremy tinha sido um gerente bem-sucedido nas áreas de saúde e hotelaria, e Jud e Terri acreditavam que seria um parceiro perfeito, que se adequaria facilmente à cultura da empresa. Os dois apostavam que a capacidade de Jeremy de solucionar problemas iria colocá-los no caminho certo.

Antes de aceitar o convite dos amigos, Jeremy reservou um tempo para conversar com os funcionários da empresa e ter uma noção dos desafios que teria pela frente. Depois disso, ele se sentou com Jud e Terri para discutir suas descobertas.

– Como tenho certeza de que vocês já sabem, a JTA tem dois problemas sérios – disse Jeremy. – Primeiro, o caixa está baixo e o grau de endividamento, alto. Isso precisa ser resolvido. Segundo, o moral da equipe sofreu um golpe enquanto Forrest Oakes estava no comando, e vocês precisarão trabalhar para reparar o prejuízo. Felizmente, vocês têm um fluxo estável de receitas e algumas estratégias boas e oportunas para solucionar esses problemas.

– Temos muito chão pela frente – admitiu Jud.

– Mas vocês começaram bem – disse Jeremy com um sorriso. – Seus colaboradores estão animados por vê-los reassumir a liderança.

– Mas ainda estamos diante de sérios desafios – disse Jud.

– Você está pronto para o desafio de nos ajudar, Jeremy? – perguntou Terri.

– Estou fascinado com a JTA. Vocês estão oferecendo o tipo de visão de vendas e crescimento pessoal que pode trazer uma contribuição valiosa para a vida e a carreira de muita gente. E acho que vocês têm uma equipe maravilhosa. Não consigo imaginar pessoas melhores para se trabalhar – afirmou Jeremy.

Com isso, Jud, Terri e Jeremy se abraçaram.

Lições-minuto

- É melhor implementar com paciência uma estratégia empresarial sólida do que forçar o crescimento de forma precipitada.

- O líder equivocado pode mandá-lo tomar direções que você não deseja.

- O líder certo no momento certo pode ajudar a conduzir as coisas na direção certa.

Juntando tudo

Com a ajuda de Jeremy, Jud e Terri passaram os anos seguintes colocando em prática tudo o que haviam aprendido com Red e Juan sobre finanças e com Lou e Nancy sobre prestar um serviço lendário e ajudar seus funcionários a voar como águias. Os resultados superaram todas as suas expectativas.

Jeremy fez um excelente trabalho implementando as recomendações das forças-tarefas organizadas por Jud e Terri. Ele sempre reforçava a necessidade de que todos da organização soubessem como era importante que as vendas excedessem as despesas. Mas o novo gerente geral também percebeu que não era possível alcançar a prosperidade apenas reduzindo custos. Embora Jeremy enfatizasse que os funcionários tinham de usar o bom senso e ficar a par das finanças, ele também pregava que se concentrassem nas vendas.

Jeremy pressionava todos da equipe, e não só os vendedores, a se esforçar mais em busca de novas oportunidades que contribuíssem para o aumento das vendas. E o próprio Jeremy servia de exemplo para os funcionários.

Jeremy descobriu uma nova fonte de receita ao entrar em contato com um amigo da faculdade, Matt Rhodes, que se tornara presidente da LJF Corporation, uma das maiores empresas na área de alimentação do país. Matt estava se saindo muito bem na condução da empresa, mas acreditava que, para enfrentar a concorrência, a LJF precisava se tornar mais criativa. Percebendo que estava diante de uma excelente oportunidade tanto para a JTA quanto para a LJF, Jeremy trabalhou ao lado de Matt para criar a "Universidade da LJF".

O foco do programa de treinamento era promover o empreendedorismo dentro da corporação. O curso, dado na rede interna da LJF, visava inspirar os funcionários a tomar iniciativa e convencer os outros das suas idéias. Em essência, estimulava o pensamento criativo e empreendedor no ambiente corporativo. O programa se baseava nos seguintes princípios:

1. As empresas sempre devem inovar. Sem inovação, elas tendem a fazer o que sempre fizeram e correm o risco de ficar ultrapassadas e em desvantagem competitiva.

2. Para ter sucesso, a empresa deve aproveitar a iniciativa individual dos membros de sua equipe. Esta deve ser uma área vital de foco.

3. Em qualquer iniciativa em andamento, a adesão dos membros da equipe é essencial para o sucesso.

4. Se uma empresa quer que seus funcionários pensem e ajam de maneira empreendedora, ela deve mantê-los bem informados sobre sua visão e seus processos – e seu impacto sobre lucros e perdas.

5. Os líderes devem propiciar aos membros da equipe tudo de que eles precisam para se motivarem e tomarem a iniciativa para alcançar o sucesso.

6. As empresas devem recompensar a criatividade de seus funcionários.

7. Se um colaborador tiver uma idéia e se esforçar para implementá-la, ele deve ser reconhecido pelo sucesso dessa iniciativa.

8. As empresas devem incentivar a engenhosidade e o pensamento criativo.

9. Todos os líderes devem estar focados nas necessidades do cliente e em como satisfazê-las e superar as expectativas.

10. Os líderes e os gerentes devem trabalhar para maximizar o envolvimento dos membros da equipe em todas as iniciativas importantes, a fim de aproveitar a inteligência coletiva da equipe.

Quando Jeremy apresentou as diretrizes para Matt, ele o incentivou a criar um grupo de quatro ou cinco gerentes com visão empresarial que pudessem analisar a fundo cada ponto para garantir o que seria proveitoso para a LJF.

– Toda vez que você puder dar às pessoas-chave dentro da sua organização oportunidades para que sejam criativas, elas irão aderir aos projetos com maior força de vontade e determinação – disse Jeremy.

O plano estratégico deu certo, e a LJF apresentou um crescimento extraordinário. Matt Rhodes atribuiu o aumento da receita e dos lucros ao programa que a JTA havia formulado para eles e à parceria que havia desenvolvido com Jeremy Britton. Conseqüentemente, a JTA também cresceu – e muito.

Para manter o equilíbrio entre resultados e relacionamentos, a JTA desenvolveu um programa de serviço lendário com os seguintes objetivos:

- Oferecer atendimento nota 10
- Criar uma cultura de serviço
- Dar atenção ao cliente
- Ser prestativo
- Delegar poder à equipe

Batizado de Eu Me Importo, o programa começou a ser implementado quando todos os departamentos da JTA assumiram o compromisso de identificar as oportunidades – "horas da verdade" – de causar uma boa impressão no cliente e oferecer um atendimento inesquecível.

Para estimular uma cultura de serviço, Jud, Terri e Jeremy decidiram acabar com o programa Funcionário do Mês, existente desde os primórdios da JTA. Em seu lugar, criaram A Hora do Funcionário. Toda vez que um colaborador fazia mais do que seu dever para servir a um cliente externo ou interno, sua iniciativa era comemorada na mesma hora. A JTA criou um Mural da Fama para exibir histórias e fotos dos colaboradores que se empenhavam em transformar seus clientes em fãs incondicionais. Não havia restrições quanto ao número de vezes em que uma pessoa podia aparecer no mural.

Para ajudar os funcionários a voar como águias, o sistema de gerenciamento de desempenho da JTA foi transformado em um sistema de parceria para o desempenho. Todo gerente que entrava na empresa aprendia os princípios essenciais de treinamento e acompanhamento para estabelecer metas claras e padrões de desempenho, elogiar o progresso e redirecionar esforços equivocados. O programa de gerenciamento Andando pelos Corredores tornou-se um estilo de vida. Os gerentes eram orientados a fazer reuniões individuais com cada um de seus subordinados a cada duas semanas. Esses encontros duravam apenas de 15 a 30 minutos, mas permitiam que os colaboradores deixassem seus supervisores a par de seus progressos e pedissem ajuda quando fosse necessário. Isso mantinha os dois parceiros – gerente e subordinado – atualizados.

Por isso, na época da avaliação de fim de ano, não havia supresas ou novidades. O que se fazia, na verdade, era uma revisão de todas as coisas que os parceiros vinham conversando durante o ano. O objetivo de cada parceria era dar autonomia aos funcionários para solucionar problemas, e não ficar esperando que seus superiores dissessem o que deveriam fazer.

Todos esses esforços geraram não só excelentes resultados financeiros, como também um ambiente de trabalho invejado por outras empresas. Quando Jud e Terri olharam para os números no final do ano, eles pensaram a mesma coisa.

– Você se lembra que dissemos, três anos atrás, que levaríamos todos para o Havaí depois que saíssemos do buraco financeiro em que estávamos? – perguntou Jud. – Acho que chegou a hora de cumprir essa promessa.

– Fechado! – disse Terri.

Jeremy também concordou com uma celebração de quatro dias. Em fevereiro, toda a equipe da JTA foi para Maui comemorar a reviravolta dada pela empresa. Na última noite, um conjunto musical animou um luau. Todos dançaram descalços na areia. No final, impressionado com a energia do pessoal da JTA, um dos músicos disse:

– Não sei o que vocês fazem para ganhar a vida, mas continuem assim. Estão fazendo a coisa certa!

Com a JTA andando novamente, Jud e Terri investiram parte de sua energia em suas próprias finanças. Essa era a resposta a um conselho excepcional do Incrível Charles.

– Agora que vocês conseguiram resolver os problemas de caixa da JTA, é hora de se concentrarem em seus sonhos financeiros – disse Charles. – Durante a crise por que passaram, vocês aprenderam como é importante ter bons relacionamentos com os bancos.

– Com certeza – disse Jud. – Durante a crise, eu não conseguia dormir bem, porque todo o nosso dinheiro estava investido na empresa.

– Por sorte, vocês não sofrem da doença do "Eu preciso" que aflige tantas pessoas – disse Charles. – Elas compram um estilo de vida tão alto que seu patrimônio líquido apresenta um crescimento mínimo. Vocês têm de observar os "custos de seu estilo de vida".

– E qual é a melhor forma de fazer isso? – perguntou Terri.

– Planejamento – respondeu Charles. – Logo que me casei com Gloria, nosso pastor nos aconselhou a economizar 10% de nossa renda todos os meses e depois doar outros 10% a obras de caridade e organizações sem fins lucrativos. Ele nos disse que, se aprendêssemos a viver com 70% a 80% de nossa renda, ficaríamos ricos algum dia.

– Então você é a favor do dízimo? – perguntou Jud.

– Sem dúvida – disse o Incrível. – Certa vez ouvi Sir John Templeton, um dos grandes investidores de nossos tempos, dizer que o melhor conselho financeiro que ele podia dar a qualquer pessoa era recolher o dízimo. Segundo ele, não se deve esperar até ter todo o dinheiro do mundo para começar a ajudar os outros. Faça disso um hábito mensal, ainda que sua renda seja baixa. Templeton também disse que nunca conheceu alguém que tivesse doado pelo menos 10% de sua renda durante 10 anos – continuou Charles – que não tivesse recebido de volta 10 vezes mais do que tinha dado. Quando você estende a mão para ajudar os outros, invariavelmente recebe mais em troca.

– Você tem algum exemplo prático disso? – perguntou Jud.

– Sim, o famoso autor e empreendedor Paul J. Meyer e sua esposa Jane. Eles doam cerca de 70% do dinheiro que recebem. Nem sempre foi assim. Depois de estipular de quanto dinheiro precisariam para viver o resto da vida, mais o que gostariam de dar aos filhos e netos, eles se comprometeram a dar tudo o que sobrasse a boas causas. Começaram doando cerca de 15% a 20% da sua renda, mas agora essa quantia chega a quase 70% por causa do dinheiro que está voltando para eles. O casal manteve seu compromisso de doar o que superasse suas necessidades, e está cada vez mais próspero.

– Fascinante – disse Terri.

– O empresário Truett Cathy, fundador da rede de restaurantes Chick-fil-A, é outro exemplo – disse o Incrível. – Certa vez eu o ouvi dizer que gostaria que Deus não tivesse prometido devolver o que Lhe é dado, porque quanto mais ele dava, mais recebia de volta. Truett acrescentou que atualmente tinha ainda mais responsabilidades porque gerenciava uma organização de caridade de tamanho significativo.

– Você está sugerindo que devemos dar dinheiro? – perguntou Jud.

– A decisão é sua – disse Charles com um sorriso. – Lembre-se que este é um conselho que não tem preço. Mas isso tem a ver com a última coisa que aprendi com Sheldon Bowles.

– Eu me lembro que Sheldon incentivava os empreendedores a *agir com paixão* e também a encontrar pessoas dispostas a *pagar por sua paixão*. Se você não fizer o que ama, nunca trabalhará o suficiente para ser o melhor – disse Jud.

– E não se esqueça de *ter mais paixão.*

– Sim – disse Jud. – Você precisa encontrar novas formas de gerar renda relacionadas à sua paixão.

– Você, sem dúvida, fez um trabalho incrível neste sentido, individualmente e na sua organização – disse Charles. – Você reuniu muitas pessoas que amam o que fazem e estão sendo pagas para isso. E foi criativo e engenhoso em encontrar novas oportunidades de aumentar a receita da empresa com o desenvolvimento de seu negócio na área de palestras.

– Obrigado – disse Jud com um sorriso. – Agora pare de me enrolar. Qual foi a última coisa que aprendeu com Sheldon?

– Foi isso sobre o que estávamos falando: passe adiante a prosperidade obtida como resultado da sua paixão. É isso que Sheldon chama de teste da prosperidade eterna. Ele diz que você nunca será, de fato, bem-sucedido a menos que ajude os outros. Ajudar aqui tem um sentido amplo: significa não só contribuir financeiramente, como também compartilhar seu tempo e talento. Ser mentor de outras pessoas é uma forma de compartilhar aquilo que você recebeu ao longo do caminho.

Esta conversa fez Jud se dar conta de que havia completado o ciclo. De um rapaz sem dinheiro que saiu da faculdade com muita ambição, ele se tornou um empreendedor de sucesso. Contudo, em alguns sentidos, ainda não estava satisfeito. Isso o fez pensar sobre a fragilidade da vida e as questões mais importantes, como deixar um legado que pudesse impactar os outros de forma positiva.

Notando o olhar pensativo no rosto de Jud, o Incrível perguntou:

– No que você está pensando?

– No legado que Terri e eu podemos deixar.

– Interessante você mencionar isso – disse Charles. – Bob Buford, em seu livro *A arte de virar o jogo no segundo tempo da vida*, afirma que, em algum momento da nossa existência, desejamos fazer a transição do sucesso para o significado, de receber para dar. Acho que legado é isso.

– É neste ponto que Terri e eu estamos – afirmou Jud.

– Todos deixam um legado – disse Charles –, quer tenham a intenção ou não. As pessoas que têm maior consciência disso costumam deixar um legado melhor. Tudo o que você é e tem, seja bom ou ruim, será passado para aqueles que vierem depois de você. E não estamos falando apenas de dinheiro, mas também de suas crenças e filosofia. O legado que você deixa é o legado que você vive.

– Como Terri e eu podemos ter mais consciência do legado que deixamos? – perguntou Jud.

– Vocês têm de aprender o que significa a verdadeira prosperidade – disse o Incrível. – A riqueza não é uma torta de tamanho fixo que se for dividida em muitos pedaços não satisfaz a fome de ninguém. A torta sempre cresce quando oferecemos bens e serviços aos outros. No processo, ou você agrega valor ao que já existe ou cria algo novo. Ao ajudar os outros a perceberem o potencial que eles têm, você pode transformar uma carroça em um avião a jato! O resultado é uma torta muito maior, e algumas das fatias provavelmente voltarão para você. Como mencionei anteriormente, ao estender a mão para outra pessoa, você muitas vezes recebe mais em troca. Isso tem a ver com estimular o espírito de abundância, e não o de escassez.

Aquela conversa fez Jud e Terri se preocuparem em ajudar os outros. Isso foi implementado na empresa de duas formas.

Primeiro, eles começaram um programa de distribuição de lucros no qual tiravam 10% de seus ganhos todos os anos e os dividiam em partes iguais com todos os colaboradores. Mensalmente a equipe tinha acesso ao balanço para saber se os resultados eram positivos e o que seria necessário para aumentar a fatia da torta de todos.

Jud e Terri também tiravam outros 10% de seu lucro e os distribuíam entre os funcionários para que doassem a obras de caridade de sua preferência. A única exigência era que a instituição de caridade fosse considerada sem fins lucrativos e que o dinheiro fosse aplicado em um projeto específico. Isso garantia que as pessoas realmente se envolvessem com as organizações beneficentes que estavam ajudando.

Eles também começaram a JTA Para os Outros, uma entidade sem fins lucrativos para a qual as pessoas poderiam contribuir com deduções mensais do salário e várias atividades para angariar fundos. As obras de caridade apoiadas pela JTA Para os Outros eram escolhidas pelos funcionários. As doações se direcionavam ao socorro às vítimas de furacões, à preservação ambiental, à assistência médica aos pobres e a fundos de viagem para os colaboradores que precisassem estar com entes queridos distantes que estivessem doentes, feridos ou, de alguma forma, em dificuldades.

O chefe do RH recebia um "fundo anjo" para distribuir entre os colaboradores quando houvesse necessidade. Jud mandava mensagens de apoio quando alguém estava com problemas e pedia a todos da empresa que enviassem amor e orações. A JTA realmente passou a ser uma organização familiar, em todos os sentidos.

Lições-minuto

- Para levar uma vida feliz e realizada, seja generoso com sua riqueza, tempo e talento.
- Dar pode ser muito mais gratificante do que receber.
- Todos deixamos legados. Tenha a intenção de fazer a diferença com o seu.
- Não dá para prever o bem que você pode receber quando ajuda ou perdoa alguém.

Construindo um legado

Jud e Terri descobriram que o Incrível estava certo. Quando você dá aos outros, recebe de volta o dobro. A JTA continuou a crescer e prosperar ao longo dos anos. Foi escolhida como uma das melhores empresas para se trabalhar e, no processo, atraiu a atenção dos filhos já crescidos de Jud e Terri, Alex e Elizabeth. Nessa época, os dois já haviam se formado na faculdade. Alex freqüentara uma escola de hotelaria e estava trabalhando no setor. Elizabeth, que sempre gostara de moda, estava no ramo de confecções.

Quando Jud e Terri perceberam que seus filhos poderiam ter interesse em trabalhar na JTA, eles decidiram formar um conselho familiar. O conselho incluiria os dois, Alex e Elizabeth, além de Jeremy, que se tornara diretor de operações da empresa e era considerado parte da família. Eles contrataram um consultor, Jim Elder, envolvido com os negócios de Jud e Terri há mais de 20 anos, para se reunir com eles, no mínimo, uma vez por trimestre.

Antes de dar início à nova tarefa, Jim Elder entrevistou cada um dos cinco membros do conselho familiar. Por fim, ele chegou a Terri e Jud.

– Vou fazer a pergunta mais difícil a que os fundadores de um negócio familiar precisam responder. Vocês querem que

Alex, Elizabeth e Jeremy sejam donos da empresa, independentemente de trabalharem ou não nela?

– Por que você está perguntando isso? – quis saber Jud.

– Porque é um dos maiores problemas que encontro com empresas familiares. Os membros da família e amigos próximos assumem posições na organização para as quais não estão qualificados, apenas para proteger seu patrimônio. A posição de dono e a de gerente devem ser duas coisas separadas. Se Jeremy, Alex e Elizabeth se tornarem donos, eles deverão receber como acionistas, não importando seu envolvimento na empresa. Se Alex e Elizabeth decidirem assumir cargos de gerência, eles devem receber um salário de mercado por essa responsabilidade, independentemente de possuírem ações da empresa. Isso serve para que todos concentrem sua energia no modo como podem contribuir para o sucesso da organização. Mesmo que não estejam envolvidos na administração da empresa, seu direito de propriedade está protegido.

Foi exatamente isso que Jud e Terri decidiram fazer. No começo, eles transferiram 19,5% da participação da empresa para Alex e o mesmo para Elizabeth, e 10% para Jeremy. Com o passar do tempo, ficou claro que Jeremy era um parceiro de longa data e merecia uma participação maior. Alex e Elizabeth sugeriram aos pais que Jeremy tivesse o mesmo status que eles. Por fim, cada um dos cinco membros do conselho familiar tinha 20% da empresa.

Alex puxou ao pai e tornou-se um grande palestrante e motivador. Elizabeth, como a mãe, se encaixava melhor na área operacional e logo se tornou diretora de vendas.

Anos depois, Jud e Terri comemoraram discretamente seu quadragésimo aniversário de casamento fazendo algo que adoravam: tomar conta do neto, Kevin. Passaram a noite sentados em suas poltronas em frente à lareira enquanto Kevin brincava com bloquinhos de construção no tapete. Ao fazer uma retrospectiva dos últimos 40 anos, eles perceberam como sua aventura como empreendedores tinha ido longe.

– Somos tão abençoados – disse Jud. – Mas o nosso sucesso jamais teria sido possível sem todos os mentores que desempenharam papéis fundamentais em nossa vida.

– Você está certo – concordou Terri.

– Você se lembra de meu velho amigo do colégio, o Pé-de-Chumbo? De certa forma, tenho de agradecer a ele pela virada positiva que minha vida deu – disse Jud, com uma risada. – Quando fomos presos porque encontraram maconha no carro dele, pensei que fosse o fim do mundo. Agora sou grato por aquele incidente, pois aprendi muito com ele. Pé-de-Chumbo foi meu primeiro mentor.

– Eu diria que foi Dirk Gardner – disse Terri. – Afinal de contas, foi ele quem abriu as portas para a sua carreira de vendas e como palestrante.

– Com certeza – disse Jud. – Mas o melhor mentor de todos foi Charles Jones, sempre à nossa disposição, sempre generoso, sempre afetuoso. Foi ele quem fez com que nos encontrássemos. O Incrível sempre parece ter o conselho certo na hora certa.

Eles continuaram a relembrar as pessoas que mais influenciaram sua trajetória como empreendedores. Concordaram que jamais se esqueceriam do amigo de Charles, Harris Palmer, que lhes apresentou os princípios fundamentais que direcionariam cada uma de suas decisões empresariais:

- As vendas têm de superar as despesas.
- Cobrem suas faturas.

- Cuidem de seus clientes.
- Cuidem de seus funcionários.

Eles se sentiam com sorte por Red O'Rourke e Juan Escobar entenderem a importância do CAIXA, CAIXA, CAIXA. Lembraram-se de como Lou Stafford ensinou-lhes que o serviço lendário era uma escolha que começava com a hora da verdade e continuava com uma filosofia de liderança que consistia em saber ouvir e cuidar bem dos clientes e colaboradores.

Falaram sobre a importância da visão de Nancy Kaline de que os funcionários não são seus subordinados, mas seus parceiros, e que você não pode esperar que eles cuidem de seus clientes se não cria um ambiente onde possam trazer seu cérebro para trabalhar, agir como se fossem donos da empresa e voar como águias.

Enquanto reviam tudo o que haviam aprendido, Jud e Terri comprometeram-se a continuar a ser mentores de Alex e Elizabeth, e também a estender a mão e ajudar outros jovens que tivessem a coragem de se aproveitar do sistema empresarial livre que é o alicerce da economia global. Ambos compartilhavam a mesma paixão: motivar aqueles que estavam dispostos a avançar e assumir o risco de se tornarem empreendedores.

– Nem sempre é fácil – falou Jud –, e é importante que as pessoas saibam que ser um empreendedor significa comprometer-se com o sucesso pouco a pouco.

– O Incrível estava certo quando disse que tínhamos de substituir a gestão de crise pela paciência estratégica – disse Terri.

– Com certeza – concordou Jud. – Ele disse que estávamos fazendo todas as coisas certas. Só precisávamos continuar a fazê-las, um dia de cada vez.

– Em alguns dias, era como se fosse um minuto de cada vez! – Terri lembrou, dando uma risada.

– Sem dúvida – disse Jud. – Mas Roma não foi construída em um dia, e uma empresa de sucesso também não pode ser.

– Nem um casamento bem-sucedido, por falar nisso – Terri acrescentou ironicamente.

Jud riu, levantou-se da poltrona e deu um beijo na esposa. O neto ergueu os olhos para o casal e deu um gritinho. Nos poucos minutos em que eles conversaram, ele havia feito uma enorme pilha de bloquinhos.

– Veja – disse Terri, apontando para a criação do neto. – Ele já pegou o jeito desse negócio de construir.

– Dê a ele mais 20 anos, e Kevin poderá muito bem ser um empreendedor, construindo sua própria empresa de sucesso – Jud falou com orgulho.

Terri sorriu para o neto.

– Bom trabalho, Kevin. Continue a construir, um minuto de cada vez, um bloco de cada vez!

Apêndice

Os 20 principais atributos do empreendedor bem-sucedido

Na lista a seguir estão as 20 principais qualidades do empreendedor de sucesso que foram apresentadas neste livro:

1. Tem múltiplos talentos e recursos
2. Centrado em um propósito maior
3. Focado
4. Disposto a correr riscos
5. Capaz de resolver problemas
6. Com tino para vendas
7. Visionário
8. Otimista
9. Focado em liderança
10. Ambicioso
11. Inovador
12. Íntegro
13. Adaptável
14. Comunicativo
15. Automotivado

16. Estratégico
17. Voltado para a equipe
18. Determinado
19. Curioso
20. Equilibrado

Visite www.estrengths.com se quiser fazer uma avaliação de seus principais atributos. O teste está disponível apenas em inglês.

Agradecimentos

Um livro como este não é escrito apenas pelos autores. Ao entrar em nossa vida, mentores como Charles Jones e Sheldon Bowles provocam um forte impacto em nossas idéias. Sem dúvida, foi isso que Ethan Willis fez com seu questionário sobre os pontos fortes do empreendedor e sua paixão por formar empreendedores de sucesso.

Continuamos a aprender lições maravilhosas sobre a vida e o trabalho com grandes palestrantes e autores como Ken McFarland, Bill Gove, Zig Ziglar, Peter Drucker, Denis Waitley, Brian Tracy, Stephen Covey, Harvey Mackay, Patrick Lencioni, Wayne Dyer, Jim Collins, Jim Rohn, Suze Orman, Tom Peters, Tom Landry, Phil Hodges, Rabino Harold Kushner e Jan Carlzon.

Ken jamais estaria onde está hoje se não fosse a orientação que recebeu de Paul Hersey como seu mentor. O relacionamento dos dois começou na década de 1960, quando eram professores da Universidade de Ohio, e continua até hoje com a colaboração e a competição amistosa entre suas empresas, sediadas em Escondido, na Califórnia. Ken também agradece a Norman e Ruth Peale, fonte de inspiração e de influência positiva em sua vida. E a Drea Zigarmi, Scott Blanchard e Vicki Essary pela pesquisa que fizeram sobre a relação entre liderança, dedicação ao cliente e vitalidade organizacional.

Também somos gratos a Randy Garn, da Prosper, Inc., e Tom McKee e Kevin Small, do grupo The Ken Blanchard Companies, que nos incentivaram a escrever este livro. Sem o empurrãozinho deles, talvez o livro jamais tivesse se tornado realidade.

Estaríamos perdidos sem a ajuda de escritores experientes como Martha Lawrence, parceira inspirada de Ken. Susan Drake, Jonellen Heckler e o Dr. Terry Paulson, colegas de Don, contribuíram com sua inestimável assistência editorial.

Agradecimentos especiais também às pessoas que leram o manuscrito e se dispuseram a nos dar um feedback. Entre elas estão Kemmons Wilson Jr., Jerry Britton, Beverly Britton, Joe Hensley, Ruth Ann Hensley, L. D. Beard, Sondra Fondren, Mark Ruleman, Frank Colvett Sr., Earl Blankenship, Frank Watson Jr., o Dr. Paul Green, David Waddell, Scott Messmore, Joan Messmore, Greg Casals, Phil Donovan, Steve Williford, Bentley Goodwin, Chris Mercer, Jerry Cardwell, Petie Parker, Pat Kandel, Carmela Southers, Jan Nast-Carter, Martha Maher, Linda Hulst, Gwin Scott Jr., Terri Murphy e todos os bons amigos do Skaneateles Country Club.

Ken e Margie Blanchard são muito gratos a vários empreendedores que se empenharam em ajudá-los durante os primeiros estágios do grupo The Ken Blanchard Companies. Entre eles está Dick Pratt, um empreendedor extraordinário que está à frente da maior empresa da Austrália e que foi o primeiro a lhes apresentar as quatro chaves para os empreendedores de sucesso. Red Scott, de San Diego, enfatizou a importância do CAIXA, CAIXA, CAIXA. Os conselhos de John Anderson, de Illinois, Peter Meinig, de Oklahoma, John Metz, da Pensilvânia, Alan Raffee, da Califórnia, e Dick Reiten, do Oregon – que formaram o primeiro conselho consultivo da empresa – foram inestimáveis quando Ken e Margie começaram sua carreira empresarial. John Eldred, excelente consultor das empresas da família, entrou em suas vidas na hora certa e ajudou a integrar seu filho Scott, sua filha Debbie e o irmão de Margie, Tom Mckee, nos negócios. Agradecimentos especiais também ao conselho consultivo da rede de empresas de consultoria e treinamento The Ken Blanchard Companies: Pat Hyndman, Bob Lorber, Tom Muccio, Garry Ridge e Richard Whiteley.

Don agradece ao seu primeiro mentor e perspicaz gerente, Dirk Gardner, já falecido, que lhe deu o primeiro emprego assim que saiu da faculdade.

Agradecimentos especiais a Richard Andrews por toda a sua assistência no que se refere aos nossos contratos, o que permitiu que este livro se tornasse realidade. Agradecimentos especiais também às quatro organizações que causaram um impacto em nós dois: a Organização de Empreendedores, a Associação Nacional de Palestrantes, a Toastmasters International e a Organização de Jovens Presidentes. Essas organizações estão repletas de pessoas que apóiam e incentivam aqueles que desejam fazer a diferença no mundo.

Por último, mas não menos importante, agradecemos às nossas esposas, Margie e Terri, por permitirem que nos casássemos com pessoas mais valiosas do que nós e nos tornássemos seres humanos melhores no processo. Hoje, elas são importantes parceiras empresariais para nós.

Leituras selecionadas

De Ken Blanchard

O Gerente-minuto, com Spencer Johnson

Liderança e o Gerente-minuto, com Drea Zigarmi e Pat Zigarmi

O Gerente-minuto desenvolve equipes de alto desempenho, com Donald Carew e Eunice Parisi-Carew

Autoliderança e o Gerente-minuto, com Susan Fowler e Laurence Hawkins

The Generosity Factor (O fator generosidade), com Truett Cathy

Know Can Do! (Saber é fazer), com Paul J. Meyer e Dick Ruhe

Liderança de alto nível: como criar e liderar organizações de alto desempenho, com os sócios fundadores e consultores associados do grupo The Ken Blanchard Companies

Vai em frente! Motivando com palavras e ações positivas, com Jim Ballard, Chuck Tompkins e Thad Lacinak

De Don Hutson

The Contented Achiever: How to Get What You Want and Love What You Get (O empreendedor satisfeito: como ter o que você deseja e amar o que você tem), com Chris Crouch e George Lucas

Speaking Secrets of the Masters (Revelando os segredos dos mestres), com os membros da Speakers Roundtable, associação que reúne os maiores oradores do mundo

Insights into Excellence (Reflexões sobre excelência), com os membros da Speakers Roundtable

Taking Charge: Lessons in Leadership (Assumindo o comando: lições sobre liderança), antologia

The Sale: 25 High-Performance Selling Skills to Master Before Your Competitors Do (Vendas: 25 habilidades que você deve dominar antes de seus concorrentes para vender com alto desempenho)

De Sheldon Bowles

Fãs incondicionais, com Ken Blanchard

Gung Ho! Turn On the People in Any Organization (Como motivar as pessoas no trabalho), com Ken Blanchard

Big Bucks! How to Make Serious Money for Both You and Your Company (Grana preta! Como fazer para que você e sua empresa ganhem muito dinheiro), com Ken Blanchard

Kingdomality: um revolucionário programa de treinamento e avaliação de talentos, com Richard Silvano e Susan Silvano

De Charles Jones, o Incrível

A vida é fantástica

The Price of Leadership (O preço da liderança)

Four-Star Leadership for Leaders (Liderança quatro estrelas para líderes)

Finding Freedom in Forgiveness (Encontrando liberdade no perdão)

From a Father's Heart: Letters of Encouragement to Children and Grandchildren (Do coração de um pai: cartas de incentivo aos filhos e netos)

Humor Is Tremendous (O humor é incrível)

De Michael Gerber

Empreender: fazendo a diferença

O mito do empreendedor revisitado: como fazer de seu empreendimento um negócio bem-sucedido

E-Myth Mastery (Dominando o mito do empreendedor)

Awakening the Entrepreneur Within (Despertando o empreendedor dentro de você)

Serviços disponíveis

Ken Blanchard e Don Hutson dão palestras em convenções e organizações em todas as partes do mundo. Também dispõem de materiais em CD e DVD, além de oferecerem treinamento pela internet.

O grupo The Ken Blanchard Companies realiza seminários e dá consultoria detalhada nas áreas de serviço ao cliente, liderança, desenvolvimento de equipe, gerência de desempenho e qualidade. A firma de treinamento de Don, a U. S. Learning, é especializada em aumento de vendas, melhoria de relacionamento, gerência e empreendedorismo.

Para mais informações sobre as atividades e os programas do Dr. Ken Blanchard, entre em contato com:

The Ken Blanchard Companies
125 State Place
Escondido, CA 92029
www.kenblanchard.com
1.800.728.6000 (dentro dos Estados Unidos)
1.760.489.5005 (fora dos Estados Unidos)

Para saber mais sobre as palestras de Don Hutson ou parcerias com sua empresa, favor entrar em contato com:

Don Hutson, CPAE, CEO
U.S. Learning, Inc.
516 Tennessee Street, 2nd Floor
Memphis, TN 38103
1.800.647.9166 ou 1.901.767.0000
Don@DonHutson.com
www.DonHutson.com

Sobre a Prosper

Ethan Willis é presidente da Prosper, Inc., reconhecida como líder mundial em educação a distância para empreendedores. Fundada em 1999, a Prosper já ajudou mais de 40 mil estudantes a descobrirem e potencializarem seus pontos fortes como empreendedores para gerar negócios de sucesso.

Para a Prosper, a educação dá retorno. Seus métodos de treinamento individual oferecem resultados rápidos nas seguintes áreas:

- Empreendedorismo
- Pequenos negócios
- Comércio eletrônico e marketing pela internet
- Investimentos imobiliários
- Investimentos on-line no mercado de ações
- Finanças pessoais

Para saber mais sobre o treinamento individual da Prosper, ligue para 1-866-704-4028 ou visite o site www.prospering.com.

Sobre os autores

KEN BLANCHARD provoca um impacto extraordinário no gerenciamento diário de milhões de pessoas e empresas. É autor de vários best-sellers, entre eles *O Gerente-minuto, Liderança e o Gerente-minuto, Fãs incondicionais* e *Gung Ho!*. Seus livros já venderam mais de 18 milhões de exemplares em 25 idiomas. Em 2005, Ken entrou para o Hall da Fama da Amazon como um dos 25 autores que mais venderam em todos os tempos.

Ken é líder espiritual do grupo The Ken Blanchard Companies, uma rede internacional de empresas de consultoria e treinamento em gerência. É também co-fundador da Lidere Como Jesus, organização sem fins lucrativos que se dedica a inspirar e preparar pessoas para que sejam líderes servidores no mercado de trabalho.

DON HUTSON, de Memphis, no Tennessee, é presidente da U. S. Learning. Ministrou mais de cinco mil palestras em 25 países nos últimos 35 anos e está no Hall da Fama da Associação Nacional de Palestrantes dos Estados Unidos. Don fez parte do conselho de fundadores da Associação Nacional de Palestrantes, foi o terceiro presidente da associação e recebeu o Prêmio Cavett como Membro do Ano. Integra a diretoria da

Society of Entrepreneurs (Sociedade de Empreendedores), da qual já foi presidente.

É autor ou co-autor de nove livros, entre eles *The Sale* e *The Contented Achiever*, e lançou seus programas de treinamento em gerência e vendas em CD e DVD. Aparece regularmente em programas de televisão.

ETHAN WILLIS, de South Pasadena, na Califórnia, é co-fundador e presidente da Prosper, Inc., empresa líder em treinamento individual que oferece cursos de empreendedorismo, comércio eletrônico, marketing pela internet, investimentos imobiliários, finanças pessoais e investimentos no mercado de ações.

Ethan fez uma contribuição considerável à educação a distância ao treinar mais de 40 mil empreendedores em 73 países. Recebeu o título de Empreendedor do Ano da Ernst and Young, em 2005, e de Homem de Negócios do Ano da NRCC, em 2006.

Foi dono e administrador de mais de 10 empresas, entre elas a Education Success Inc., Money Mentor Center, Prosper Media e AdCafe.

CONHEÇA OUTRO TÍTULO DE KEN BLANCHARD

Lidere como Jesus

KEN BLANCHARD E PHIL HODGES

"*Fé e negócios. Jesus e família.*

Pessoal e profissional. Servidor e líder.

Ver essas palavras lado a lado deixa as pessoas desconfortáveis. A cultura em que vivemos estabelece limites entre a vida espiritual e a mundana. A fé fica reservada para os domingos ou para as festas religiosas.

Esse livro é sobre liderança em negócios? Sim. Visa melhorar os relacionamentos pessoais? Sim. É um guia inspirador de um relacionamento mais íntimo com Deus? Sim.

Queremos que você vivencie Jesus de uma maneira totalmente diferente da que experimentou até hoje. Jesus quer que deixemos uma marca transformadora no mundo ao nos tornarmos líderes servidores. Esperamos que *Lidere como Jesus* seja o início de uma nova e empolgante etapa em sua jornada pessoal."

KEN BLANCHARD E PHIL HODGES

INFORMAÇÕES SOBRE OS PRÓXIMOS LANÇAMENTOS

Para receber informações sobre os lançamentos da EDITORA SEXTANTE, basta enviar um e-mail para
atendimento@esextante.com.br
ou cadastrar-se diretamente no site
www.sextante.com.br

Para saber mais sobre nossos títulos e autores, e enviar seus comentários sobre este livro, visite o nosso site:
www.sextante.com.br

EDITORA SEXTANTE
Rua Voluntários da Pátria, 45 / 1.404 – Botafogo
Rio de Janeiro – RJ – 22270-000 – Brasil
Telefone: (21) 2286-9944 – Fax: (21) 2286-9244
E-mail: atendimento@esextante.com.br